LES PÈRES GARDIENS

DES CAPUCINS

DU

COUVENT DE LA RUE SAINT-HONORÉ

A PARIS

(1574-1799)

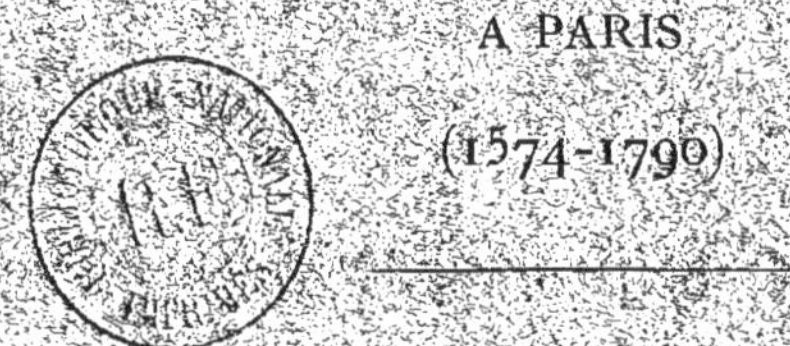

NOTES BIOGRAPHIQUES ET BIBLIOGRAPHIQUES

PAR

LE R. P. EMMANUEL, DE LANMODEZ

CAPUCIN

PARIS

1893

LES PÈRES GARDIENS

DES CAPUCINS

DU

COUVENT DE LA RUE SAINT-HONORÉ

(Extrait du *Bulletin de la Société de l'Histoire de Paris et de l'Ile-de-France*, juillet-octobre et novembre-décembre 1893.)

LES PÈRES GARDIENS

DES CAPUCINS

DU

COUVENT DE LA RUE SAINT-HONORÉ

A PARIS

(1574-1790)

NOTES BIOGRAPHIQUES ET BIBLIOGRAPHIQUES

PAR

LE R. P. EMMANUEL, DE LANMODEZ

CAPUCIN

PARIS

1893

LES PÈRES GARDIENS

DES CAPUCINS DU COUVENT DE LA RUE SAINT-HONORÉ

A PARIS (1574-1790).

Notes biographiques et bibliographiques.

L'existence du couvent de la rue Saint-Honoré embrasse une période de deux cent seize années (1574-1790). Le but de cet article est de reconstituer la liste des différents gardiens de ce couvent et d'ajouter au nom de ces personnages quelques indications sur leur vie et leurs écrits.

La Bibliothèque nationale et la bibliothèque Mazarine conservent dans leurs dépôts une partie des archives de nos anciens couvents de Paris, et nous avons pu y cueillir plus d'une indication pour dresser ce catalogue des gardiens de Saint-Honoré. En dehors des sources communes que·ces immenses et précieuses bibliothèques mettent à la disposition de tout chercheur, il a fallu consulter de nombreux ouvrages manuscrits et imprimés et recourir à la science de plusieurs religieux, au nombre desquels le R. P. Apollinaire de Valence mérite particulièrement d'être signalé pour ses libérales communications.

Si ce travail donne un catalogue presque complet[1] des gardiens, il n'en sera pas de même de la biographie et de la bibliographie : personne n'ignore qu'en entrant en religion les Capucins abandonnent leur nom de famille et leur nom de baptême pour prendre un nom de religion, qu'ils font suivre de celui du lieu de leur naissance ou de celui d'une localité importante voisine du lieu de leur naissance, et les anciens religieux ayant dédaigné d'enregistrer leurs noms ou leurs titres comme des souvenirs propres à flatter la vanité, il nous a souvent été impossible de découvrir à quelles familles appartenaient nos gardiens. La partie bibliographique aura aussi ses lacunes; les indications seront cependant plus nombreuses que celles des deux grands ouvrages de *Wadding* et de *Bernard de Bologne*[2] sur les écrivains de

---

1. Il nous a été impossible de reconstituer la série des gardiens de Saint-Honoré de 1769 à 1775, de 1776 à 1778 et de 1781 à 1789.

2. Wadding, *Scriptores ordinis Minorum quibus accessit Syllabus illorum qui ex eodem ordine pro fide Christi fortiter occubuerunt* (Rómæ, 1650, in-fol.); avec le *Supplementum...* de Jo.-Hyacinth. Sbaralea (Romæ, 1806, in-fol.). — *Bibliotheca scriptorum ordinis Minorum S. Francisci Capuccinorum,* retexta et extensa a F. Bernardo a Bononia (Venetiis, 1747, in-fol.).

l'Ordre des Frères Mineurs. Ces deux auteurs sont incomplets, malgré leur grande science, et nous avons dû rectifier des titres, des éditions, des dates, et citer des ouvrages imprimés, des lettres, des manuscrits ignorés des deux bibliographes franciscains.

Pour nous conformer au titre de cette notice, nous parlerons uniquement du couvent de Saint-Honoré[1], laissant de côté l'historique du petit couvent de Picpus, première résidence des Capucins à leur arrivée en France.

1574-1575. — Le R. P. Pacifique de Venise, gardien[2].

Le premier gardien du couvent de la rue Saint-Honoré fut le P. Pacifique de Saint-Gervais, ou de Venise. D'abord profès du monastère de Saint-Georges-in-Alga, près de Venise, il quitta ce couvent pour entrer dans la réforme naissante des Capucins. Envoyé en France, après le bref de Grégoire XIII, du 6 mai 1574, afin d'y continuer l'œuvre entreprise par le cordelier Pierre Deschamps, il s'y rendit avec dix religieux et s'établit au couvent de Picpus. L'exiguïté du local rendant difficile tout exercice conventuel, le P. Pacifique s'adressa à Catherine de Médicis et lui demanda un lieu proche de Paris pour y jeter les fondements du premier couvent des Capucins en France. Catherine, régente du royaume en l'absence de Henri III, fit don aux Capucins d'un terrain qu'elle avait acheté près du Louvre[3] et publia des lettres patentes, datées de Paris juillet 1574, par lesquelles elle déclarait prendre les Capucins sous sa royale protection et les établir au faubourg Saint-Honoré, près des Tuileries[4]. Le 25 septembre 1574, Henri III confirma la royale

---

1. Cf. *Histoire de la ville et de tout le diocèse de Paris,* par l'abbé Lebeuf, éd. Cocheris, t. I, p. 144 et 301 ; Rectifications et additions par F. Bournon, p. 49.

2. Les mots *Gardien, Définiteur, Provincial, Custode* se liront fréquemment dans le courant de cet article ; il importe donc d'en donner la définition : « Le *Gardien* est le supérieur d'un couvent. — Le *Définiteur* est un des quatre religieux élus en chapitre provincial pour faire partie du Conseil Provincial et sans lesquels le provincial ne peut prendre aucune décision importante. — Avant la Révolution française, les différentes provinces de l'Ordre renfermaient un grand nombre de couvents, et il arrivait parfois de les diviser en plusieurs groupes, auxquels on donnait le nom de Custodies. Chaque Custodie avait un supérieur avec tous les droits du Provincial et prenait le titre de *Custode.* Aujourd'hui, la charge de *Custode* se réduit à assister au chapitre général de l'ordre pour l'élection du Ministre général. — On appelle *Province,* dans les ordres religieux, une étendue de pays sur laquelle s'élève un nombre de couvents plus ou moins considérable. Le supérieur d'une Province prend le titre de *Provincial.* » *Statistique des Franciscains dans la Loire-Inférieure,* par le P. Flavien de Blois, capucin (Nantes, Libaros, 1879), p. 3 et 4.

3. *Bulletin de la Société de l'histoire de Paris,* 16e année, p. 177.

4. *Annuaire séraphique* (Paris, Poussielgue, 1880), p. 29.

donation de sa mère par de nouvelles lettres patentes[1]. Catherine de Médicis posa elle-même la première pierre de l'église du couvent; elle était assistée des deux reines de France et de Navarre, d'une grande suite de barons et de ducs du royaume, du nonce du Pape et de l'ambassadeur de Venise. L'église fut dédiée à Dieu sous le titre de l'Assomption de la sainte Vierge, et, à la demande de la reine, l'une des chapelles fut mise sous le vocable de *Sainte-Catherine*.

Désirant ardemment voir notre réforme s'étendre en France, Catherine persuada au P. Pacifique de fonder un couvent à Lyon. Il y envoya le P. Jérôme, de Milan, avec des lettres de la reine aux consuls de la ville de Lyon[2]. Dans le même temps, le P. Pacifique établissait des Capucins à Meudon. Sur la fin de l'année 1575, le P. Pacifique mourut et laissa pour commissaire général de l'ordre des Capucins en France le P. François de la Brigue[3].

1576-1578. — Le R. P. Gaspard de Pavie, gardien.

1579. — Le R. P. Pierre Deschamps d'Amiens, gardien.

Le P. Pierre Deschamps était religieux du grand couvent des Cordeliers de Paris lorsqu'il embrassa la vie capucine. Il eut à supporter les violentes attaques de Vigor, curé de Saint-Paul, et celles de ses anciens confrères les Cordeliers, qui allèrent jusqu'à le faire emprisonner. Victorieux enfin de toutes ces persécutions, le P. Pierre Deschamps s'établit au quartier de Picpus, avec l'autorisation de Catherine de Médicis[4]. « Sa parole magistrale et son zèle tout séraphique opérèrent de nombreuses conversions; en même temps, sa très haute vertu lui gagnait la confiance intime de la reine mère et de Henri III. Ces derniers l'envoyèrent par deux fois à Jérusalem dans un but pieux. Son dévouement fut admirable pendant la peste en ce temps-là, et son exemple encouragea puissamment ses frères à se dévouer comme lui, au péril de leur vie. Au retour de son second voyage à Jérusalem, apprenant que le faible Henri III s'était laissé circonvenir par les hérétiques à Blois, il ne put contenir son indignation; les protestants alors jurèrent ouvertement sa mort. Le Père ne redoutait pas le martyre; mais, pour éviter à son ordre, à peine établi en France, de sérieux désagréments, il crut devoir se retirer provisoirement en Belgique, où nos Pères étaient établis depuis 1585. Une grave maladie l'y surprit, et il y mourut saintement (1589)[5]. »

En 1581, le P. Pierre Deschamps avait été gardien du couvent d'Étampes; en 1589, l'année de sa mort, il était définiteur de la province de Paris[6].

---

1. *Les Annales des Capucins*, traduites par le P. Antoine Caluze (Paris, 1677), t. II, p. 972.

2. *Idem*, t. II, p. 9.

3. *Idem*, t. II, *passim*.

4. *Éloges des illustres capucins de la province de Paris;* Bibl. nat., ms. franç. 25046.

5. *Annuaire séraphique* (1880), p. 40.

6. *Manuel de la province de Paris à l'usage du Père Dominique de Paris, secrétaire* (1767); Bibl. nat., ms. franç. 6452.

1580. — Le R. P. Hippolyte de Sélave, gardien.

1581. — Le R. P. Antoine, Flamand, gardien.

1582. — Le R. P. Hippolyte de Bergame, gardien.

1583-1584. — Le R. P. Raphaël de la Margue, gardien.

1585. — Le R. P. Chérubin de Nucibus, gardien.

Le P. Chérubin appartenait par sa profession religieuse à la province capucine de Bari (Italie). Il y remplit la charge de ministre provincial et fut délégué, à cause de ses mérites, pour exercer le même office dans la province de Paris[1], dont il devint le troisième provincial[2]. En 1585, il gouverna le couvent de Saint-Honoré[3]. Nous ignorons la date de son retour à Bari, mais *Boverius* nous apprend qu'il mourut au couvent d'Aquaviva après y avoir prêché le carême de 1592.

Wadding et Bernard de Bologne nous ont conservé les titres de deux de ses ouvrages, imprimés après sa mort :

1. *De Sacramentali confessione.* Neapoli, 1596.

2. *De Passione Domini, ejusque necessaria meditatione.* Neapoli, 1598.

1586. — Le R. P. Julien de Camerino, gardien.

En 1585, le P. Julien était déjà gardien du couvent de Meudon[4].

1587. — Le R. P. Jérôme de Castelferrete, gardien.

Religieux de la province de Pise, le P. Jérôme arriva aux plus hautes fonctions de son ordre. Il fut tour à tour provincial de Pise, gardien de Saint-Honoré en 1587, provincial de Paris en 1588, procureur général près la Cour romaine et enfin ministre général. Urbain VIII le chargea, dans la suite, de l'office de visiteur et de réformateur des Réguliers des deux sexes des monastères d'Italie et le nomma protecteur des mêmes monastères ; par sa prudence, son sage gouvernement et le bon exemple de sa vie, le P. Jérôme ramena ces couvents à l'ancienne rigueur de leur règle.

Le P. Jérôme mourut à Rome en 1626, à l'âge de soixante-dix ans ; il en avait passé cinquante-cinq dans l'ordre des Capucins[5]. Le P. Bernard de Bologne dit que le P. Jérôme écrivit de nombreux ouvrages, dont un seul a été imprimé après la mort de l'auteur[6] :

1. *Ordinationes et Constitutiones pro bono regimine aliquarum Religionum, præsertim pro Monialibus S. Claræ.* Romæ, 1628. Ex typograph. Rever. Cameræ Apostolicæ.

1588. — Le R. P. Julien de Camerino, gardien pour la seconde fois.

---

1. Boverius, *Annales Capuccinorum*, ad annum 1592, t. II.
2. *Manuel de la province de Paris.*
3. *Ibid.*
4. *Ibid.*
5. Boverius, *Annales Capuccinorum*, ad annum 1628, t. III.
6. *Bibl. scriptorum Capucc.*, p. 118.

— 5 —

1589-90. — Le R. P. Jean-Baptiste d'Angers, gardien.

En 1582-83, le P. Jean-Baptiste d'Angers avait été gardien du couvent d'Étampes[1].

1591. — R. P. Jacques Bolduc de Paris, gardien.

Le P. Jacques Bolduc de Paris entra bien jeune chez les Capucins de la province de Paris. Doué de pénétration et de vivacité d'esprit, il fit de grands progrès dans la philosophie, les lettres sacrées et les autres sciences. Sa connaissance de la doctrine des Pères de l'Église et des langues savantes en fit un commentateur aussi érudit que profond des livres révélés[2]. En 1590, il remplit la charge de définiteur, et, en 1591, il fut gardien de Saint-Honoré. Le P. Jacques Bolduc mourut au couvent de Saint-Honoré le 8 décembre 1646, après soixante-sept ans de vie religieuse[3].

Nous avons de lui les ouvrages suivants :

1. R. P. Jacobi Bolduci Parisini, Minorum ord. Capucinorum nuncupato (*sic*) prædicatoris, Commentaria in Librum Job; quibus præmissa hebræi idiomatis accurata versione, ejusque perbrevi paraphrasi, variæ cum editiones tum lectiones cum Vulgata collatæ expenduntur : necnon idiotismi, phrases et singula textus vocabula, potissimum hebræa, diligentissime explanantur, ex iisque omnibus genuinus et primarius litteræ sensus tandem eruitur. Accedunt quinque indices : primus est rerum peculiarium hujus libri ; secundus est dictionum hebraicarum ; tertius auctoritatum Sacræ Scripturæ ; quartus materiarum ; quintus gallicismorum qui elucidationi deserviunt, vel elucidantur. Lutetiæ Parisiorum, sumptibus Dionysii de la Noüe, 1619, 2 vol. in-4°.

1 *bis*. Nova editio, a Bernardo a Bononia citata. 2 vol. in-fol. Parisiis, sumptibus Laurentii Anisson ; primum anno 1631, secundum 1638.

1 *ter*. R. P. Bolduci Parisini, ex S. Francisci Minoritarum Capucinorum ordine theologi, Commentaria in librum Job... Tomi duo, quorum uterque tropologicum sensum a multis expetitum copiose luculenterque explicat. Accedunt indices, quorum primus est locorum Sacræ Scripturæ, secundus pro concionibus juxta seriem Evangeliorum totius anni, tertius materiarum et rerum notabilium. Lutetiæ Parisiorum, 1637, 2 vol. in-fol., *absque bibliopolæ vel typographi nomine.*

2. Ecclesia ante Legem libri tres, in quibus indicatur quis a mundi principio usque ad Moysen fuerit ordo Ecclesiæ, quæ Festa, quæ Templa, quæ Sacrificia, qui Ministri, qui Ritus et Ceremoniæ, et alia multa arcana ex fontibus præsertim sacri sermonis exhausta. Auctore Jacobo Bolduc, Parisino, ordinis Minoritarum Capuccinorum nuncupati prædicatore. Lugduni, sumpt. Claudii Landry, 1626, in-8°.

2 *bis*. De Ecclesia ante Legem libri tres, in quibus... Editio secunda, correctione, dispositione et rerum accessione multo illustrior. Authore P. Jacobo

---

1. *Annales des Capucins de Paris*, par le P. Maurice d'Épernay ; Bibl. Mazarine, ms. 2879.

2. *Bibliotheca scriptorum ord. Capucc.*, p. 127.

3. *Manuel de la province de Paris ;* Bibl. nat., ms. franç. 6452.

Bolduc, Parisino, ordinis FF. Minorum Capuccinorum prædicatore. Parisiis,
Joseph. Cottereau, 1630, in-4°.

3. De Ecclesia post Legem, liber analogicus nondum in lucem editus, in
quo ostenditur quanta sit similitudo inter Legem naturalem et Legem evan-
gelicam. Additur Expositio epistolæ B. Judæ apostoli, in qua similia secun-
dæ B. Petri verba pariter expanduntur. Authore P. Jacobo Bolduc, Parisino,
ordinis Fratrum Minorum Capuccinorum prædicatore. Parisiis, Joseph. Cottereau, in-4°.

4. R. P. Jacobi Bolducii ex Minoritarum Capucinorum ordine Theologi,
De Oggio (*sic*) christiano libri tres, in quibus declarantur antiquissima, et
sacrosanctæ Eucharistiæ typica mysteria, quæ in frumento ab Adam instituta,
deinde a Noë, additione vini, illustrata, perque totum Orbem pie celebrata,
sensim apud Gentiles in *Orgiorum* (sic) vocabulo mendam, in ritibus hor-
rendas fœditates contraxerant. Prima editio, cum indicibus capitum, locorum
Sacræ Scripturæ, rerum notabilium, et vocum hebraïcarum. Lugduni, sumpt.
hæred. Gabr. Boisset et Laurentii Anisson, 1640, in-4° [1].

1592-1593. — R. P. Constantin, Anglais, gardien.

Missionnaire apostolique en Angleterre avant d'embrasser la règle de saint
François dans l'ordre des Capucins, le P. Constantin parcourut les différentes
régions de ce pays, afin d'y rétablir la religion catholique. Arrêté et mis en
prison, il resta fidèle à l'Église, malgré toutes sortes de menaces. Après sa
délivrance, le P. Constantin partit pour Rome, et ce fut alors qu'il se fit
capucin. Un bref du pape Grégoire le nomma de nouveau missionnaire apostolique dans la Grande-Bretagne ; mais la persécution qu'il eut à subir le
força de s'embarquer pour la France et de se rendre à Paris. Le P. Constantin mourut au couvent de Tours en 1616 [2].

En 1590, le P. Constantin fut gardien du couvent d'Étampes ; en 1592-93,
gardien de Saint-Honoré et définiteur de la province de Paris ; en 1595-96,
gardien du couvent d'Amiens [3].

1594-1596. — Le R. P. Pacifique de Sousy, gardien.

Le P. Pacifique de Sousy entra dans l'ordre des Capucins en l'année 1581.
Les *Éloges historiques des Capucins illustres de la province de Paris*, par
le P. Maurice d'Épernay (Bibl. nat., mss. fr. 25046-48), fournissent de nombreux détails sur la vie de ce religieux. Nous empruntons à ce document la
date des différentes charges que le P. Pacifique occupa dans sa province.
En 1594-95-96, il est gardien de Saint-Honoré ; en 1598, définiteur ; gardien
du couvent d'Orléans en 1599 ; en 1600, gardien de Saint-Honoré pour la

---

1. Nous avons rencontré dans un catalogue de librairie le titre suivant :
*l'Anti-Babau, ou Anéantissement de l'attaque imaginaire du R. P. Jacques
Bolduc, Père Capucin*, par Jacques d'Auzoles de Lapeyre. Paris, Gerv. Alliot,
1632, in-16.

2. *Menologium franciscanum*,... authore P. Fr. Fortunato Huebero præ-
fati ordinis (Monachii, typis Joannis-Lucæ Straubii, 1698), p. 1374.

3. *Manuel de la province de Paris*; Bibl. nat., ms. franç. 6452.

seconde fois; en 1605, gardien du couvent de Chartres. Le P. Pacifique mourut au couvent de Saint-Honoré en 1625[1].

En 1599, pendant qu'il gouvernait le couvent d'Orléans, le P. Pacifique reçut à la vie religieuse « François Le Clerc du Tremblay, qui devait, sous le nom de Père Joseph, jouer dans l'Église et dans le monde un rôle si important et si mal connu... Sa mère... accourut à Orléans avec des lettres de jussion du roi, ordonnant aux Capucins de lui rendre son fils, et une défense du Parlement aux mêmes religieux de le recevoir...[2]. » La douceur du P. Pacifique désarma la colère maternelle de la présidente Le Clerc, et c'est à lui que l'Église et la France doivent le saint religieux et le politique si français auquel l'histoire n'a pas rendu l'hommage dont il est digne.

1597. — R. P. Joseph de Donchery, gardien.

Nous n'avons sur le P. Joseph de Donchery que quelques indications sommaires : il fut un des premiers Français qui entrèrent dans l'ordre des Capucins et était déjà docteur de Sorbonne[3]. Il fut custode général en 1595 et gardien de Saint-Honoré en 1597. Le P. Joseph de Donchery mourut à Saint-Honoré en 1598, après treize ans de religion[4].

1598. — Le R. P. Jean-Baptiste Brulart de Sillery, gardien.

La famille Brulart de Sillery appartenait à l'ancienne noblesse de France. Fabio Brulart de Sillery, évêque d'Avranches et de Soissons, membre de l'Académie française et de celle des inscriptions et belles-lettres, né le 25 octobre 1655, mort en 1714, a écrit la généalogie de sa famille et la fait remonter au xiie siècle[5]. Une charte de Louis le Jeune, datée de Beauvais en 1150, cite Adam Brulart, nous dit ce prélat. « Geoffroy Brulart est aussi présent dans une aultre charte du mesme Roy, de l'année 1160, pour la fortification du lieu de Savigny, rapportée par Duchesne dans la *Généalogie de la maison de Dreux*[6]. »

Le P. Jean-Baptiste Brulart avait fait son noviciat à Rome et était rentré en France en 1590[7]. Son père, Nicolas Brulart, « seigneur de Silleri et de Puisieux en Champagne, fut conseiller au Parlement en 1573, maître des requêtes quelques années, ambassadeur en Suisse en 1589, 1595 et 1602, président à mortier au parlement de Paris en 1595, plénipotentiaire à Vervins en 1598, enfin ambassadeur en Italie l'an 1599, pour faire casser le

---

1. *Nécrologe de la province de Paris*. Bibl. nat., ms. franç. 25045.

2. *La jeunesse du P. Joseph et son rôle dans la pacification de Loudun* (1577-1616), par Gustave Fagniez. (Extrait de la *Revue historique*.)

3. *Les Capucins en Franche-Comté*, par l'abbé Morey (Paris, Poussielgue, 1882), p. 161.

4. *Nécrologe de la province de Paris*. Bibl. nat., ms. franç. 25045.

5. *Opuscules de messire Fabio Brulart de Sillery, évesque de Soissons*. Bibl. nat., ms. franç. 12986.

6. *Ibid.*

7. *Les Capucins en Franche-Comté*, p. 178.

mariage de Henri IV avec la reine Marguerite[1]. » Cette dernière démarche révolta le P. Jean-Baptiste, et il laissa tomber du haut de la chaire de Saint-Germain-l'Auxerrois des paroles de blâme sur la conduite irrégulière du roi. Le P. Ange de Joyeuse, qui venait de rentrer dans l'ordre des Capucins, imita le P. Brulart; d'autres capucins marchèrent sur la trace des deux premiers. Henri IV prit peur et fit mettre à la Conciergerie les Pères Archange de Lyon et Alphonse d'Évreux. Le Parlement prit fait et cause pour le roi, blâma les Capucins, qui protestèrent de leur côté, et la sainte inviolabilité du mariage sortit victorieuse de cette lutte[2].

Le P. Jean-Baptiste Brulart de Sillery fut custode général de la province de Paris en 1595, définiteur en 1598 et gardien de Saint-Honoré.

1599. — R. P. Raphaël d'Orléans, gardien.

« Le P. Raphaël d'Orléans, ainsi nommé du lieu de sa naissance, était né de parents nobles, qui l'élevèrent tout petit enfant dans la sainte crainte de Dieu[3]. » Il entra au couvent de Saint-Honoré en 1577[4]. Le P. Raphaël mourut au couvent du Mans en 1628, après avoir rempli avec sagesse et affabilité les plus grandes charges de sa province.

1600. — R. P. Pacifique de Sousy, gardien de Saint-Honoré pour la seconde fois.

1601. — Le Père Silvestre de Laval, gardien.

Le P. Silvestre de Laval professa la philosophie et la théologie au couvent de Saint-Honoré; il devint ensuite prédicateur et combattit les hérétiques dans la chaire et par ses écrits. La secte l'empoisonna, et il mourut en 1616[5].

Le Père Silvestre nous a laissé les ouvrages suivants :

1. *Correction chrétienne des erreurs et impiétés du ministre Vignier, et de la vraie participation du Corps et du Sang de J.-C.* Blois, 1608, in-8° (Desportes, *Bibliographie du Maine*).

2. *Les Iustes Grandeurs de l'Église romaine, contre l'impiété de ceux qui nomment le Pape Antichrist, singullièrement contre le ministre Vignier;* le tout divisé en quatre livres, par le R. P. Silvestre de L'Aval (*sic*), prédicateur capucin. A Poitiers, par Anthoine Mesnier, s. d. (1611), in-4°[6].

---

1. *Dictionnaire historique,...* nouvelle édition, par l'abbé F. X. D. F. (Augsbourg, 1781), p. 542.

2. *Chronologie historique de ce qui s'est passé de plus considérable dans la province* [des Capucins] *de Paris.* Bibl. nat., ms. franç. 25044. L'auteur, le P. Philippe de Paris, capucin, est mort en 1634; l'exemplaire de la Bibliothèque nationale est une copie faite au xviiie siècle.

3. *Vie du T. R. P. Ange de Joyeuse* (Paris, 1863), p. 440.

4. *Capucins illustres de la province de Paris.* Bibl. nat., ms. fr. 25046.

5. *Bibliotheca scriptorum ordinis Min. Capucc.,* a F. Bernardo a Bononia (Venetiis, 1747), p. 231.

6. M. Hauréau, parlant de ces ouvrages, nous dit (*Histoire littéraire du Maine,* t. IV, p. 130) : « Il s'agit ici de Nicolas Vignier, auteur du *Théâtre*

1602-1603. — R. P. Raphaël d'Orléans, gardien pour la seconde fois.

1604. — R. P. Archange, Anglais, gardien.

1605. — Le Père Honoré de Paris, gardien.

L'entrée en religion du P. Ange de Joyeuse, tout en excitant l'admiration générale, procura de nouveaux disciples aux Capucins. Le duc était prévôt d'une confrérie de pénitents; elle se trouvait réunie lorsqu'on vint apprendre aux congréganistes la détermination inattendue que venait de prendre leur prévôt. Cette nouvelle, qui remplit d'étonnement toute la Compagnie, suscita dans son sein deux autres vocations, celles de Jacques de Querquifinian et de Charles Bochart de Champigny.

Charles Bochart appartenait à une famille distinguée, dont plusieurs membres avaient honoré la magistrature. Son père, Jean Bochart, seigneur de Champigny et de Lalande, occupa longtemps avec honneur, auprès du chancelier de France, la charge de conseiller d'État. Charles Bochart entra au couvent de Saint-Honoré le 15 septembre 1587; il fut admis à la profession religieuse au mois de septembre 1588, sous le nom de Frère Honoré de Paris. Le Père Honoré remplit les plus hautes fonctions de son ordre; il fut tour à tour gardien, maître des novices, définiteur, provincial, commissaire général, définiteur général. Il mourut à Chaumont, le 26 septembre 1624, à l'âge de cinquante-neuf ans; il en avait passé trente-neuf dans l'ordre des Capucins. L'Église l'a déclaré vénérable, et sa cause de béatification se poursuit en cour de Rome [1].

Nous avons du Père Honoré de Paris :

1. *L'Académie évangélique pour l'instruction spirituelle de la Ieunesse religieuse et vrayement chrestienne,* composée par F. Honoré de Paris, prédicateur provincial des PP. Capucins de la province de Paris. A Paris, chez Nicolas Buon, 1622, in-12.

2. Plusieurs lettres spirituelles adressées à des religieuses. — Les autographes se trouvent au monastère des Clarisses-Capucines d'Amiens.

3. Une lettre à l'abbesse de Port-Royal. Bibl. nat., ms. fr. 17808 [2].

4. Les archives de Seine-et-Oise (fonds des Capucins de Poissy) possèdent plusieurs lettres de Loyse de Gondy, coadjutrice de Poissy, et de la marquise de Meignelay, adressées au P. Honoré de Paris, provincial des Capucins de Paris.

---

de *l'Antéchrist,* ministre à Blois, un des controversistes les plus passionnés de la secte protestante. Il avait trop d'ardeur et n'eut pas assez de constance. Après s'être signalé par des déclamations dont la véhémence eut pour censeurs tous les protestants modérés, il changea de ton et se fit catholique. »

1. *Histoire de la vie, mort et miracles du R. P. Honoré Bochart de Champigny, capucin,* par le Père Henry de Calais, prédicateur du même ordre (Paris, Gervais Aliot, 1649, in-8°). — Nouvelle édition (Paris, Poussielgue, 1864). — *Histoire du V. Honoré de Paris,* par l'abbé Mazelin (Paris, Poussielgue, 1882, in-8°).

2. *Inventaire des manuscrits français de la Bibliothèque nationale,* par Léopold Delisle (Paris, Champion, 1876), p. 161.

1606. — Le P. Ange de Joyeuse, gardien.

Henri, comte de Joyeuse, fils de Guillaume, vicomte de Joyeuse, maréchal de France, embrassa d'abord le parti des armes et se distingua dans cette carrière jusqu'en 1587. Son frère Anne de Joyeuse, duc et amiral de France, premier gentilhomme de la chambre et gouverneur de Normandie, avait toute la faveur de Henri III, qui lui donna en mariage Marguerite de Vaudemont, sœur de la reine. Deux autres frères illustraient aussi la famille; l'un, prévôt et gouverneur du Languedoc, se noya dans le Tarn après le combat de Villemur; l'autre, François de Joyeuse, mourut à Avignon, doyen des cardinaux, en 1615, après avoir rempli les plus hautes dignités de l'Église. Henri de Joyeuse avait épousé Catherine de la Valette, fille de M. de la Valette, colonel général de l'infanterie de France; elle était la sœur du duc d'Épernon. La mort d'Anne, son frère, et de son épouse Catherine le détermina à quitter le monde; il entra aux Capucins de Saint-Honoré et y prononça ses vœux, en 1587, avec le nom de Frère Ange.

A la mort de Henri III, le prétendant huguenot soutenait avec activité ses droits à la couronne; l'hérésie triomphait dans le Languedoc, et les catholiques ne pouvaient lui opposer aucun capitaine expérimenté, depuis que le duc de Joyeuse, grand prieur de Toulouse, s'était noyé dans le Tarn. Ils jetèrent les yeux sur le P. Ange de Joyeuse, gardien des Capucins d'Arles, et alors de passage à Toulouse. Le capucin résista à toutes les sollicitations, et il fallut un commandement du pape pour ébranler sa résistance. Forcé donc en quelque sorte de prendre le gouvernement du Languedoc, le Père Ange combattit vaillamment dans les armées de la Ligue, où il soutint avec honneur sa gloire militaire. Mais, comme il avait à cœur de rendre la paix à son pays, il assembla les états de sa province à Carcassonne pour y discuter des moyens de la procurer. Il parvint à s'aboucher avec le maréchal de Montmorency, son parrain, et tous deux convinrent d'une trêve de trois ans, qui fut bientôt suivie d'une paix générale par l'abjuration de Henri IV. Le Père Ange fit son accommodement avec le monarque et mérita ses faveurs. Henri IV le fit maréchal de France, le confirma dans toutes ses charges de chevalerie des ordres du roi, de grand maître de la garde-robe et de gouverneur du pays d'Anjou, Maine, Perche et Languedoc; il l'obligea aussi à reprendre son titre de chevalier de l'ordre du Saint-Esprit, que Henri III lui avait conféré avant son entrée aux Capucins.

Le Père Ange ne tarda pas néanmoins à rentrer dans le cloître, après avoir marié sa fille, Henriette-Catherine, au duc de Montpensier. L'Estoile, dans son *Journal du règne de Henri IV*, nous en donne la date : « 1599, février. Le lundi VIII de ce mois, le duc de Joyeuse reprist l'habit de Capussin aux Capussins de Paris, à 7 heures du soir. »

Dès ce moment, le Père Ange ne songea plus à sa gloire passée. Il remplit avec honneur les principales charges de son ordre et se livra sans réserve aux plus rudes austérités, édifiant ses frères par l'exercice de toutes les vertus religieuses. Il mourut à Rivoli, près de Turin, en 1608, à l'âge de cinquante et un ans. Son corps fut transporté au couvent de Saint-Honoré, où on l'inhuma solennellement devant le maître-autel.

Le Père Ange de Joyeuse n'a laissé aucun ouvrage imprimé; il nous reste seulement quelques fragments de ses sermons, publiés par Jacques Brousse dans la vie du P. Ange. La Bibliothèque nationale conserve quelques-unes de ses lettres (ms. franç. 3794). Bernard de Bologne cite encore du P. Ange un travail resté manuscrit et intitulé *les Flammes du divin amour*[1].

1607-1608. — T. V. P. Venance de Mâcon, gardien.

1609-1610. — R. P. Archange, Anglais, gardien pour la seconde fois.

1611. — R. P. Jérôme de Rouen, gardien.

Le P. Jérôme de Rouen, l'un des plus grands maîtres de la vie spirituelle au commencement du XVIIe siècle, nous disent les *Éloges historiques des*

---

1. Les érudits désireux d'étudier la vie du Père de Joyeuse trouveront d'amples détails dans les ouvrages suivants :

Le courtisan prédestiné, ou le duc de Joyeuse, capucin, par M. de Caillière, maréchal de bataille des armées du Roy. Nouvelle édition (Paris, 1728, in-8°).

La vie du P. Ange de Joyeuse, par Jacques Brousse (Paris, chez Adrien Taupinart, 1621, in-8°).

Vie du T. R. P. Ange de Joyeuse, de l'ordre des FF. MM. Capucins, par un religieux du même ordre (Paris, chez Poussielgue, 1863, in-8°).

Louange de la vie contemplative, dressée sur l'entrée miraculeuse en la religion réformée de Sainct-François qu'a fait nouvellement le comte de Bouchage aux Cappuchins-lez-Paris (Paris, Menier, 1587, in-8°; ouvrage très rare). Bibl. nat., Ln[27] 10449.

Responce à une lettre envoyée à Paris après la prise des armes par Monsieur du Bouchage [19 octobre] (Paris, Thierry, 1582, in-8°; autre édition de Lyon). Bibl. nat., Lb[35] 421.

Copie d'une lettre escrite par M. Gautier au Roy pour l'assurer du décès du P. Ange de Joyeuse (Paris, Ramier, 1608, in-8°). Bibl. nat., Ln[27] 10450.

La vie bien heureuse et glorieux trespas du R. P. Ange.

Mémorial de feu P. Ange, jadis duc et seigneur... (Paris, Ramier, 1608, in-8°). Bibl. nat., Ln[27] 10451. (Autre édition, Lyon, 1608.)

Elogium Henrici Joyosæ, a Papirio Massone (1611). Bibl. nat., Ln[27] 10453.

Le tableau de la mort des justes, prins sur la religieuse fin du R. P. Ange de Joyeuse..., par André Charyneau, minime (Chambéry, Du Four, 1610, in-12).

Action funèbre faite à Lyon... sur le corps de feu R. P. Ange,... par le P. Irénée d'Avallon (Lyon, Morillon, 1609, in-8°). Bibl. nat., Ln[27] 10452.

Oraison funèbre du R. P. Ange de Joyeuse, par le P. François Humblot, minime (Lyon, 1608, in-8°).

Discours funèbres et panégyriques faits en mémoire de feu Mgr le duc de Montpensier et de feu R. P. Ange (Lyon, 1608, in-8°).

Consolation à très illustre et très vertueuse princesse madame la duchesse de Montpensier sur le trespas de monseigneur son père (Paris, Thierry, 1608, in-8°).

Clarissimi cujusdam viri de susceptâ ab illustrissimo duce Errico Joyeusæ provinciæ Narbonensis administratione, ad Antonium Gualterum epistola. Idibus decembris (Tolosæ, 1593, in-8°). Bibl. nat., Lb[35] 426.

Capucins illustres de la province de Paris[1], fut gardien du couvent de Meudon en 1604; en 1611, il gouverna le couvent de Saint-Honoré; en 1621-22-23-24-25, il fut gardien et maître des novices au couvent de Troyes.

1612. — Le Père Henri de la Grange-Palaiseau, gardien[2].

« Le P. Henri de la Grange-Palaiseau était de la maison des seigneurs d'Harville (près de Joinville en Beauce), marquis de la Grange et Palaiseau. Sa naissance et la distinction de tout son extérieur lui donnaient un rang à la cour. Il songeait cependant à prendre un genre de vie plus sévère, quand il fut sur le point de contracter des liens qui le retiendraient dans le monde. Henri IV donnait un bal où se trouvait notre marquis. Le roi commanda à une jeune fille de grande maison et bien douée par la nature de prendre pour cavalier le marquis de Palaiseau. « Parce que j'ay mes raisons, » avait-il ajouté. Bref, les jours qui suivirent la fête, il n'était plus question à la cour que du mariage des deux jeunes gens. Dieu avait d'autres desseins que le roi; la jeune fille fut rapidement enlevée par la petite vérole, et le marquis de Palaiseau, rentrant en lui-même, se résolut à exécuter son dessein de quitter la cour et demanda l'habit de capucin; il le revêtit le 27 mai 1599. »
— « On le nomma Henry pour lui imprimer dans l'esprit que toutes ses actions devoient être royalles, » nous disent les *Éloges des illustres Capucins de la province de Paris*[3]. Il fit profession le 28 mai 1600. Nous le trouvons, croyons-nous, gardien de Rouen en 1609 et prêchant l'avent au Havre[4]. En 1611, il prêcha le carême à Auxerre[5]. Pendant son avent du Havre, il eut à subir les poursuites de Julienne-Hippolyte d'Estrées, duchesse de Villars, femme du gouverneur du Havre[6], mais la vertu du P. Henri triompha des intrigues de cette femme, comme son humilité triompha plus tard d'instances d'un genre différent qui lui étaient faites pour l'amener à accepter une riche abbaye et même l'évêché d'Auxerre, dont Mgr de Donadieu voulait se démettre en sa faveur (1624). Il fut gardien du couvent de Saint-Honoré, du couvent du faubourg Saint-Jacques, confesseur des Capucines (de 1621 à 1630), et mourut à Paris le 16 avril 1630.

Nous ne connaissons du P. Henri de la Grange-Palaiseau que les deux ouvrages suivants :

1. *Isagoge chronologica, hoc est introductio ad cognitionem temporum et rerum, quæ extiterunt a mundo condito, ad usque annum salutis millesimum sexcentesimum et vigesimum. Opus nova methodum conscriptum : sed utilissima chronologis et Sacræ Scripturæ studiosis. Liber primus, complectens solide, velutque scholastico more, difficultates omnes, quæ reperiuntur circà summas et metas præcipuarum temporis periodωn constituendas.*

---

1. Bibl. nat., ms. franç. 25046.

2. *Les Capucins de Rouen pendant les pestes du XVIIᵉ siècle*, par le P. Édouard d'Alençon, capucin (Paris, Poussielgue, 1890), p. 10, note 3.

3. Bibl. nat., ms. franç. 25046.

4. *Messire de Clieu,...* par l'abbé Lecomte (1851).

5. *Des Capucins d'Auxerre. Abrégé chronologique.* Ms. de Dom Viole à la bibliothèque publique d'Auxerre.

6. Tallemant des Réaux, *Historiettes.*

Dicatus sanctissimo Papæ Urbano hujus nominis VIII per R. P. Henricum Harvillæum, a Grangia Palatiolæa, concionatorem Capucinum. Parisiis, sumptibus Nicolai Buon, 1624, in-fol.[1].

2. *Octave du Saint-Sacrement*, presché par le Père Henri de la Grange-Palaiseau, prédicateur capucin. A Paris, chez la veufve Buon, 1629, in-8°.

1613-1614. — T. R. P. Léonard de Paris .I. gardien.

La nouvelle du changement qui venait de s'opérer dans le duc de Joyeuse fit tant d'impression sur l'esprit de Jacques de Querquifinian qu'il prit immédiatement la résolution d'imiter le courtisan de Henri III et de le suivre dans le cloître. De Querquifinian reçut en religion le nom de Frère Léonard de Paris, qu'il devait illustrer par sa prudence et sa sagesse et surtout par l'éclat de sa sainteté. Il fut élu plusieurs fois provincial des Capucins de Paris et de Lorraine[2]. La reine d'Angleterre, Henriette-Marie de Bourbon, informée de ses vertus, l'appela près d'elle pour la diriger dans les voies de Dieu[3]. Le Père Léonard travailla longtemps avec le zèle d'un apôtre à la conversion des hérétiques. Ce fut lui qui, de concert avec le Père Joseph du Tremblay, fonda parmi les Capucins de France les missions de Grèce et de Canada. Ses talents et ses vertus lui méritèrent aussi la charge de définiteur général de son ordre.

Le P. Léonard mourut à Saint-Honoré le 4 septembre 1641. Le *Journal des Capucins du Marais*[4] nous parle ainsi de ce digne religieux : « 1641. Au chapitre tenu au mois de juin 1641, le T. R. P. Léonard de Paris fut élu premier définiteur et envoyé au couvent du Marais en qualité de gardien. Il y tomba bientôt malade et fut transporté à Saint-Honoré. Il mourut dans l'infirmerie de ce couvent, le 4 septembre, à l'âge de soixante-quinze ans, dont il avait passé cinquante-quatre en la religion. Il avait accompli quatre triennes de provincialat dans la province, dont il a été véritablement le père, et un trienne dans la province de Lorraine. Il a été définiteur général en 1633. Il a refusé humblement la dignité épiscopale, qui lui fut offerte par le roi de la Grande-Bretagne, désireux d'avoir un évêque catholique dans ses États et d'honorer son père, qui était alors auprès de Sa Majesté. Il fut regretté de tous les religieux de la province, qui ne crurent pas lui donner une trop grande marque de leur vénération en l'inhumant au pied des

---

1. « Hujus operis librum secundum præ oculis habere non valuimus. Dicunt Bernardus noster a Bononia et Hurter, S. J. » (*Nomenclator litterarius*, t. I, p. 644) eum a prælo exiisse anno 1626, apud eumdem Buon, subditque laudatus Hurter : « In primo tomo complectitur solide et veluti more scholastico omnes difficultates quæ reperiuntur circa summas et « motus » præcipuos temporis constituendos ; secundus vero complectitur ea quæ pertinent ad historiam. »

2. *Histoire des Capucins de France*, ms. de la bibl. des Capucins de la rue de la Santé, p. 20.

3. L'histoire de cette mission a été écrite par le P. Cyprien de Gamaches et publiée en 1881 par le P. Apollinaire de Valence (Paris, Poussielgue, 1881, in-12).

4. Bibl. nat., ms. franç. nouv. acq. 4135.

marches du grand autel de notre église de Saint-Honoré, à côté du T. R. P. Ange de Joyeuse [1]. »

1615. — R. P. Archange, Anglais, gardien pour la troisième fois.

1616. — R. P. Honoré de Champigny, gardien pour la seconde fois.

1617. — R. P. Pascal d'Abbeville, gardien.

Le Père Pascal d'Abbeville prit l'habit des Capucins le 13 avril 1599, sous les ordres du Père Archange de Pembrocq. Son noviciat et ses études terminés, il fut nommé lecteur en 1611, définiteur en 1613, provincial pour la première fois en 1618, custode au chapitre général en 1624, maître des novices en 1626, provincial de nouveau en 1629 et 1635, confesseur des Capucines en 1639, commissaire général en 1640 dans la province de Bretagne. Le P. Pascal d'Abbeville mourut au couvent de Saint-Honoré le 5 avril 1645 [2].

1618. — T. R. P. Honoré de Champigny, gardien pour la troisième fois.

1619. — T. R. P. Léonard de Paris .I. gardien pour la seconde fois.

« Peu de temps après cette nomination, le P. Léonard fut nommé provincial de Lorraine ; le P. Henri de la Grange-Palaiseau le remplaça comme gardien de Saint-Honoré [3]. »

1620. — T. R. P. Honoré de Champigny, gardien pour la quatrième fois.

1621-1623. — R. P. Archange, Anglais, gardien pour la quatrième fois.

1624-1625. — T. R. P. Léonard de Paris .I. gardien pour la troisième fois.

1626-1628. — R. P. Henri de La Grange-Palaiseau, gardien pour la troisième fois.

1629-1631. — R. P. Archange Ripaut de Paris, gardien.

Le Père Archange Ripaut descendait d'une famille de la magistrature de

---

1. L'abbé Dedouvres, dans sa brochure sur *le P. Joseph du Tremblay* (Paris, Retaux-Bray, 1889, in-8°), p. 39, signale cinq lettres au secrétaire de la Sacrée Congrégation de la Propagande et portant la signature du P. Léonard de Paris en même temps que celle du P. Joseph. Dans les *Annales de la mission des Capucins de Paris en Grèce*, par le P. Furcy de Péronne (Bibl. nat., ms. franç. nouv. acq. 4134), on trouve aussi quelques pièces ayant la signature du P. Léonard. Jusqu'à ce moment, nous n'avons point découvert d'autres écrits du P. Léonard de Paris.

2. *Éloges des illustres Capucins de la province de Paris.* Bibl. nat., ms. franç. 25046, fol. 47.

3. *Manuel de la province de Paris;* Bibl. nat., ms. franç. 6452.

Paris. Destiné à parcourir la carrière de son père, il se livra à l'étude du droit et parvint aux charges élevées de gentilhomme de la cour et de conseiller du roi au parlement de Paris. Il surmonta tous les obstacles que lui opposaient son père et le roi Louis XIII pour le retenir dans le siècle et entra dans l'ordre des Capucins. En 1621, il est nommé définiteur de la province de Paris; en 1621-22-23, il est gardien de Saint-Honoré; en 1624-25, gardien du couvent de Chartres; en 1627, gardien du couvent du faubourg Saint-Jacques; nous le retrouvons encore gardien de Saint-Jacques en 1632-33-34. A partir de cette date, nous perdons de vue le P. Archange; une note nous apprend qu'il mourut en 1650 [1].

Ses écrits sont :

1. *La Divine naissance, enfance et progrez admirable de l'ame au saint amour de Jésus et de Marie, avec autant de pratiques nouvelles d'oraison, toutes d'amour, qu'il y a de traitez*, composé par le P. Archange Ripaut, prédicateur capucin et gardien au couvent de Saint-Honoré. Paris, Claude Cramoisy, 1631, in-8°.

1 bis. *La Divine naissance... qu'il y a de traitez inouys d'une dévotion non commune.* Première partie, dont la seconde, par antithèse, est le livre intitulé *Abomination des abominations des fausses dévotions de ce temps, injurieuses à Jésus et Marie.* Seconde édition, revueue, eclercye, enrichye et augmentée par l'autheur, composée par le R. P. Archange Ripaut, Parisien, prédicateur capucin et gardien au couvent de Saint-Jacques à Paris. A Paris, chez Claude Cramoisy, 1633, in-8°.

2. *Abomination des abominations des fausses dévotions de ce temps*, divisées en trois, la première des Illuminez, la seconde des nouveaux Adamites, la troisième des Spirituels à la mode, où se voit par antithèse du livre I la diabolique naissance, croissance et perfection détestable de l'âme en la fausse dévotion injurieuse à Jésus et Marie. Seconde partie, contenant les plus hauts points de la théologie mystique, avec un traité sublime de la présence de Dieu pour remède à ces abus, par le P. Archange Ripaut, gardien des Pères Capucins du couvent de Saint-Jacques à Paris. Paris, Claude Cramoisy, 1632, in-8°.

1632-1633. — R. P. Léon de Paris.

1635-1636. — R. P. Bernard de Paris.

1637-1640. — T. R. P. Léonard de Paris .I. gardien pour la quatrième fois.

1641-1643. — R. P. Léonard de la Tour.

Les *Éloges des illustres Capucins de la province de Paris* commencent en

---

1. *Bibliotheca script. ord. Capucc.*, p. 31. — *Manuel de la province de Paris*; ms. — *Vie du P. Ange de Joyeuse* (Paris, 1863), p. 371. — Les *Éloges des illustres Capucins de la province de Paris* ne s'accordent point sur la date de la mort avec les autres auteurs précités. Ce manuscrit termine l'éloge qu'il consacre au P. Archange par les lignes suivantes : « Il mourut au couvent de la rue Saint-Honoré, après avoir sanctifié sa communauté par la bonne odeur de ses actions, toutes saintes, le 17 février 1635. »

ces termes la biographie de ce religieux : « Ce gentilhomme dont nous allons abréger l'éloge étoit des premières maisons de France, l'ornement et les délices de la cour par son extérieur avantageux, étant un des mieux faits et des plus beaux de France, ce qui le fit aimer de Sa Majesté le Roy Louis XIIIe, d'heureuse mémoire. » Il entra dans l'ordre des Capucins le 17 février 1614 et devint l'un de nos premiers missionnaires du Levant, où il séjourna quatorze ans. Il fut successivement gardien de Saint-Honoré, du couvent de Saint-Jacques, du Marais et de Meudon, et plusieurs fois définiteur de la province de Paris. Le Père Honoré de la Tour mourut à Saint-Honoré le 25 janvier 1657[1].

1644-1646. — R. P. Honoré de Cugnières.

« Le R. P. Honoré de Cugnières, neveu et élève du bienheureux serviteur de Dieu [le P. Honoré de Champigny], dont elle avait eu la visite [madame de Sourdis, abbesse du monastère de Saint-Paul-lès-Beauvais], fut envoyé en ce même temps à Beauvais en qualité de gardien [en 1618]. C'était un religieux de fort grand mérite. Après avoir dignement rempli plusieurs autres charges, il fut élu provincial de la province de Paris; plus tard, et pendant plusieurs années, il en fut définiteur; il étoit encore dans cet emploi étant gardien du couvent du faubourg Saint-Jacques à Paris, lorsqu'il plut à Dieu de le retirer de ce monde, riche de mérites et laissant après lui une grande réputation de vertu et de piété[2]. » Le P. Honoré de Cugnières mourut « le 18e février 1647, âgé de trente-huit ans de religion[3]. »

1647. — Le R. P. Léonard de la Tour, gardien pour la seconde fois.

1648. — Le R. P. Silvère de Reims.

Le P. Silvère de Reims entra dans l'ordre des Capucins le 20 juin 1613; il eut pour maître des novices le P. Jérôme de Rouen. Le P. Silvère fut gardien de plusieurs couvents de la province de Paris et provincial de cette province en 1642. En 1644, le général de l'ordre, Innocent de Catalagirone, le nomma par bref apostolique provincial de Touraine; il réussit à y rétablir la paix, qui avait été troublée. En 1647, le P. Silvère quitta Tours pour se rendre au chapitre général qui devait se tenir à Rome, mais, accablé par la fatigue du voyage, il tomba gravement malade au couvent de Suze en Piémont. Il put cependant se rendre au chapitre et, de retour à Paris, il fut nommé gardien de Saint-Honoré. Pendant cette charge, un nouveau bref apostolique lui conféra le titre de provincial de Lorraine. Sa mort arriva le 24 décembre 1650; il fut enterré à Saint-Honoré, ayant quarante-sept ans de religion[4].

---

1. *Éloges des illustres Capucins de la province de Paris;* Bibl. nat., ms. franç. 25046-25047.

2. *Histoire de la vie, de la mort et des miracles du R. P. Honoré Bochart de Champigny, capucin,* par le P. Henry de Calais, prédicateur du même ordre (nouvelle édition; Paris, 1864), p. 237.

3. *Éloges des illustres Capucins de la province de Paris.*

4. *Éloges des illustres Capucins de la province de Paris.*

1649. — Le R. P. Pacifique Potel de Paris.

Le Père Pacifique Potel reçut l'habit de capucin, le 27 septembre 1613, des mains du P. Martial d'Étampes, maître des novices au couvent de Meudon. Après quelques années de religion, il fut envoyé aux missions du Levant, que venait de fonder le Père Joseph du Tremblay. Ses supérieurs ne tardèrent pas à le rappeler dans la province de Paris et lui confièrent les charges les plus considérables. Le P. Pacifique fut tour à tour gardien, définiteur, confesseur des Capucines[1], maître des novices, custode général; il mourut au couvent du faubourg Saint-Jacques le 3 mars 1666[2].

Nous connaissons du P. Pacifique les ouvrages suivants :

1. *Praxis animæ devotæ, in quâ varia pietatis exercitia recensentur.* Parisiis, D. Thierry, 1657, in-8°. (Sic *Bernardus a Bononiâ* qui forsan in latinum vertit titulum.)

2. *Copie d'une lettre d'un Père de province répondant à quelques propositions à lui faites sur l'exil du R. P. Jean-François Sévin, procuré par des Capucins de Paris* (Signé : F. P. D. P. : *Frère Pacifique de Paris*). S. l. n. d., in-4° (Bibl. nat., Ld24 15).

Le P. Pacifique écrivit cet opuscule pour répondre aux deux factums suivants :

1° Acte de déclaration de récusation et de protestation et offres faites par le R. P. Jean-François Sévin, ex-provincial des Capucins de la province de Paris, contre la prétendue commission surprise par les PP. Nicolas d'Amiens et Pacifique Potel du T. R. P. général dudit ordre pour informer contre ledit P. Sévin des causes pour lesquelles il n'est pas allé à Arles ni à Lyon (17 juillet 1657). S. l. n. d., in-4° (Bibl. nat., Ld24 16).

2° Traité de la conduite du P. Sévin[3], ex-provincial des Capucins des provinces de Paris et de Touraine, du mauvais traitement qui lui a été injustement fait, et de son innocence, reconnue par nosseigneurs les évêques de la Rochelle, de Rhodez et d'Amiens, à ce commis par le Roi. Ensemble de leur résolution donnée à Sa Majesté par écrit, et de celle aussi donnée par écrit par MM. les docteurs de Sorbonne. Le tout communiqué au public par aucuns des amis dudit Père Sévin, intéressés en son honneur, pour faire voir les outrages que l'on lui fait sans cause et lever le scandale que cela a produit dans les esprits... S. l. n. d., in-4° (Bibl. nat., Ld24 17).

1650-1652. — Le R. P. Vincent de Beauvais.

Les *Éloges historiques des Capucins de la province de Paris* sont sobres sur la vie de ce religieux; nous en détachons les principaux passages : « Ce grand prédicateur est encore des élèves du R. P. Martial d'Étampes. Il prit

---

1. La charge de confesseur des Capucines n'était confiée qu'à des religieux recommandables par leur science et leur piété; c'est pourquoi nos chroniqueurs ont eu grand soin de relever les noms des religieux qui ont rempli cette charge. Le confesseur des Capucines était nommé en chapitre provincial.

2. *Éloges des illustres Capucins de la province de Paris.*

3. Les *Éloges des illustres Capucins...* consacrent la 86e notice à ce religieux; le *Journal des Capucins du Marais* en parle aussi à l'année 1669.

l'habit en 1617, le 18e septembre. Il donna des marques certaines d'une sainte vocation par sa régularité, et il embrassa toutes les austéritez de la règle avec beaucoup de zèle et de ferveur, gardant un grand silence, une régularité toute extraordinaire, le premier à tous les devoirs d'un véritable enfant de Saint-François..... En 1649, il fut élu définiteur et gardien du couvent du noviciat de Saint-Jacques, un an après custode pour Rome, où il se fit connaître pour un religieux très spirituel et très grand prédicateur. A son retour, il fut fait premier définiteur et gardien de la rue Saint-Honoré. Il mourut au couvent de Saint-Honoré le dernier septembre 1652. »

1653, — Le R. P. Matthieu de Reims. Il mourut dans le courant de l'année et fut remplacé par le Père Jean-François de Reims.

1654. — Le R. P. Jean-François de Reims.

Le père Jean-François de Reims entra chez les Capucins le 4 octobre 1615. Il brilla dans la province de Paris par son éloquence et par ses écrits. Le Père Jean-François mourut à Saint-Honoré le 14 février 1660[1].

Ouvrages du Père Jean-François de Reims :

1. *Le Directeur pacifique des consciences, où toute personne dévote, tant religieuse que séculière, pourra connoistre clairement l'estat de sa conscience, s'éclaircir de toutes difficultez, discerner le péché mortel d'avec le veniel, descouvrir plusieurs abus et tromperies, se délivrer de tous scrupules et tentations, et apprendre à se confesser sans inquiétude; livre non moins utile aux confesseurs et directeurs que nécessaire à toute personne qui désire acquérir une paix intérieure*, par le P. Jean-François de Reims, capucin prédicateur. Seconde édition, mise en meilleur ordre qu'auparavant, et augmentée de plus de moitié. A Paris, chez Samuel Thiboust, 1634, in-8°.

Second volume du *Directeur pacifique des consciences, livre non moins utile*..... A Paris, chez Samuel Thiboust, 1634, in-8°.

Le Directeur pacifique des consciences. Troisième partie.

Nota : La bibliothèque du grand séminaire de Valence possède un exemplaire de cette troisième partie, sans indication de lieu ni de date.

1 bis. *Le Directeur pacifique*..... Mons, 1635, 2 vol. in-8°.

1 ter. *Le Directeur pacifique*..... Troisième édition, reveue, augmentée et perfectionnée par l'autheur. A Paris, chez Mathieu Guillemot, 1639, in-8°.

1 quater. *Le Directeur pacifique*..... Quatriesme édition....., revue. Paris, Guillemot, 1645, in-8°.

1 quinquiès. *Le Directeur pacifique des consciences, qui donne à toute personne, tant religieuse que séculière, les résolutions sur les difficultez de conscience, en toutes sortes de sujets, avec les instructions nécessaires pour s'en bien servir dans la pratique, la manière de s'accuser clairement de tous ses pechez en confession, et d'y discerner le mortel d'avec le veniel; ensemble plusieurs bons enseignemens, advis importans, et saintes pratiques, tant sur les devoirs principaux du chrestien, que pour se délivrer de tous empeschemens, abus, tromperies, tentations, scrupules et inquiétudes qui puissent*

---

1. *Éloges des illustres Capucins de la province de Paris*. Bibl. nat., mss. fr. 25046 et 25047.

empescher ou retarder sa perfection; livre très utile aux confesseurs et directeurs, et à tous ceux qui aiment la paix de leur conscience, par le P. Jean-François de Reims, définiteur des Capucins de la province de Paris, et confesseur des Filles de la Passion. Paris, veuve Nicolas Buon, 1658, in-8°.

1 *sexiès. Le Directeur pacifique des consciences, où les personnes devotes tant religieuses que séculières pourront connoître clairement l'état de leur conscience, s'éclaircir de toutes leurs difficultez, discerner le péché mortel d'avec le veniel, découvrir plusieurs abus et tromperies, se délivrer de leurs scrupules et tentations, et apprendre à se confesser sans inquiétude, ce livre n'est pas moins utile aux confesseurs et directeurs, que nécessaire aux personnes qui désirent acquérir la paix intérieure,* par le P. Jean-François de Reims, capucin prédicateur. Quatrième (*sic*) édition, reveue, augmentée et perfectionnée par l'auteur avant sa mort. A Lyon, chez la veuve de J. Molin, imprimeur du Roy, par André Molin, 1692, in-8°.

2. *La Vraye perfection de cette vie dans l'exercice de la présence de Dieu, livre qui contient toute la conduite de la vie intérieure, donnant toutes les instructions nécessaires et maximes importantes pour y arriver; divisé en deux parties. Première partie, contenant les instructions nécessaires pour entretenir la présence de Dieu en ses actions, tant en général qu'en particulier, augmentée en cette troisiesme édition d'une conduite d'oraison affectire propre à toute personne de bonne volonté, et des pratiques intérieures pour l'office divin, sacrement de Pénitence, et Eucharistie considérée comme sacrement et sacrifice, avec une Pratique générale qui sert de guide à tout le livre, par laquelle il faut commencer.* Paris, veuve Nicolas Buon, 1651, in-8°.

La Vraye perfection..... Seconde partie, contenant les degrez par lesquels il faut monter à la perfection intérieure et union avec Dieu, augmentée en cette troisiesme édition des dernières dispositions pour entrer dans l'Union, de l'Oraison d'union ou Contemplation, et des autres choses qui concernent cet estat, le tout clairement et méthodiquement. Paris, veuve Nicolas Buon, 1651, in-8°.

2 *bis. La Vraye perfection de cette vie.....* Paris, 1656, 2 in-8°.

2 *ter. La Vraye perfection de cette vie..... Augmenté en la IV⁰ édition de ce qui manquoit aux commençans : reveu et corrigé en cette cinquiesme édition,* par le P. Jean-François de Reims, visiteur des Capucins de la province de Paris. A Paris, chez la veuve Nicolas Buon, 1660, 2 in-8°.

2 *quater. La Vraye perfection de cette vie, dans l'Exercice de la Présence de Dieu, livre qui enseigne méthodiquement et solidement les principales pratiques de dévotion, et tous les degrez de la vie intérieure, depuis son commencement jusques à la fin dans cet exercice de la présence de Dieu, donnant toutes les instructions, veritez, et avis nécessaires pour y arriver, augmenté de ce qui manquoit aux commençans. Reveu et corrigé. Divisé en deux parties. Première partie, contenant les principales pratiques de dévotion, et une pratique générale pour toutes les actions,* par le P. Jean-François de Reims, visiteur des Capucins de la province de Paris. Cinquième et dernière édition. Paris, Denis Thierry, 1669, in-8°.

La Vraye perfection..... Augmenté en la IV⁰ édition de ce qui manquoit aux commençans. Reveu et corrigé en cette cinquième, divisé en deux par-

ties. Seconde partie, contenant tous les degreȝ de la vie intérieure depuis son commencement jusques à sa perfection, par le P. Jean-François de Reims, visiteur des Capucins de la province de Paris. A Paris, chez Denis Thierry, 1669, in-8°.

1655-1656. — R. P. Pacifique Potel de Paris, gardien pour la seconde fois.

1657-1658. — R. P. Basile de Paris, gardien.

Le Père Basile de Paris entra dans l'ordre des Capucins, au couvent du faubourg Saint-Jacques, le 28 mai 1625. « Il étoit né avec le plus beau naturel du monde, d'un extérieur tout dévot, doux et affable, spirituel et le plus engageant de tous les hommes[1]. » En 1634, le Père Basile fut nommé à l'office de prédicateur[2], et devint peu de temps après maître des novices. Les *Éloges des illustres Capucins de la province de Paris* énumèrent les différentes charges qu'il remplit comme définiteur, provincial et gardien, et ajoutent que ce fut toujours « avec une merveilleuse douceur et une charité sans exemple. »

Le P. Basile de Paris mourut au couvent du faubourg Saint-Jacques, le 2 mai 1682, à l'âge de soixante-quinze ans.

1659. — R. P. Charles d'Abbeville, gardien.

Nous ne connaissons le Père Charles d'Abbeville que par la note suivante insérée par le P. Bernard de Bologne dans son ouvrage *Bibliotheca Scriptorum Capuccinorum* : « Le Père Charles d'Abbeville, définiteur de la province de Paris, zélé prédicateur, religieux recommandable par sa doctrine, sa prudence, l'intégrité de ses mœurs, sa piété, est l'auteur de l'ouvrage suivant :

Le Saint Mariage, ou instructions chrestiennes qui apprennent aux personnes mariées à vivre saintement et heureusement dans cet état, avec un dévot exercice pour vivre et mourir en la protection de S. Joseph, par un religieux capucin. Reveue et augmentée par l'autheur en cette seconde édition. A Paris, chez Gilles André, 1665, in-12. »

1660. — R. P. Vincent de Troyes.

Le Père Vincent de Troyes revêtit les livrées séraphiques « au couvent de la rue Saint-Jacques, le 11ᵉ avril 1634, sous les ordres du T. R. P. Léonard de Paris, provincial cette année, et sous la direction du Rév. P. Alphonse de Paris, Père Maître..... Il faudroit être un Chrysostome pour pouvoir dignement parler de ce sçavant, de ce célèbre et très saint religieux, dont la vie et les actions ont été toutes unies sans relâche et augmentant avec l'âge

---

1. *Éloges des illustres Capucins de la province de Paris*. Bibl. nat., mss. fr. 25046 et 25047.

2. L'office de prédicateur dans l'ordre des Frères Mineurs est accordé par le général de l'ordre, *seul;* voici les paroles de saint François, au chapitre neuvième de sa règle : « Et que nul des frères n'ose en aucune façon prêcher au peuple, si le ministre général de cette fraternité ne l'a examiné et approuvé, et ne lui a concédé l'office de la prédication. »

plutôt que de diminuer. Il n'a rien eu de médiocre, tout a été chez luy de l'héroïsme ; ses talens étoient pétris de la main du Très-Haut ; il a été grand capucin par les mœurs, grand religieux par l'exacte observance de ses vœux, grand missionnaire par les conversions, les restitutions qu'il a fait faire dans les lieux où on a eu le bonheur de l'entendre..... Il fut fait deffiniteur en 1660, et continué, presque sans interruption, jusques en 1683, qu'étant accablé d'infirmitez par ses travaux spirituels, il se retira au couvent de Saint-Jacques, au noviciat..... Il y mourut..... le 27ᵉ aoust 1691, âgé de cinquante-sept ans de religion [1]. »

1661. — R. P. Charles d'Abbeville, gardien pour la seconde fois.

1662. — R. P. Jérôme de Sens, gardien.

Le 23 mai 1633, le Père Jean-Marie de Treslon, maître des novices au couvent de Saint-Jacques, reçut dans l'ordre le Père Jérôme Jasu de Sens. Le Père Jérôme se distingua avec éclat dans ses études, et « a toujours remporté le prix de la dispute. » « Il fut fait lecteur en 1648, et gardien peu de temps après dans un grand couvent de Paris. En 1662, il fut éleu custode pour Rome, après avoir été éleu deffiniteur pendant les six ans. En 1664, confesseur des Capucines, et, en 1665, il fut éleu provincial de la province et Père Maître des novices en 1669, et deffiniteur après jusques en 1680, qu'il quitta tout pour entrer dans le repos [2]. »

« Le 1ᵉʳ juillet 1692, la province fit une *autre* perte dans la personne du R. P. Jérôme Jasu de Sens, prédicateur, religieux que tous vénéraient ; il s'était rendu recommandable par sa vertu et sa science, qui ont paru toujours égales dans ses divers emplois de lecteur en philosophie et en théologie, de maître des novices, de commissaire général de la province de Champagne, de provincial de celle de Paris, et de censeur actuel des thèses. Il a exercé toutes ces charges en donnant de vrais exemples de pauvreté, d'humilité, de patience, d'amour de Dieu et du prochain, de zèle de la discipline et de la régularité. Aussi est-il mort de la mort des justes, tout à loisir, quoique précipitamment. Il était âgé de soixante-dix-sept ans, dont cinquante-neuf de religion. Il est enterré dans l'enceinte du grand balustre [de l'église des Capucins du Marais], proche le chœur, du côté de l'épître [3]. »

1663-1665. — R. P. Basile de Paris, gardien pour la seconde fois.

1666. — R. P. Nicolas d'Amiens, gardien.

1667-1668. — R. P. Jean-Chrysostome d'Amiens, gardien.

Le Père Jean-Chrysostome d'Amiens était né d'une honorable famille de cette ville ; il entra au noviciat des Capucins d'Amiens et reçut l'habit, le 19 juillet 1636, des mains du R. P. Hyacinthe de Guise, maître des novices [4].

---

1. *Éloges des illustres Capucins de la province de Paris.*

2. *Éloges des illustres Capucins de la province de Paris.*

3. *Journal tenu aux Capucins du Marais.* Bibl. nat., ms. franç. nouv. acq. 4134.

4. *Éloges des illustres Capucins de la province de Paris.*

« Le R. P. Jean-Chrysostome d'Amiens a rendu beaucoup d'honneur à Dieu par sa science et sa vertu, qui l'ont lui-même élevé aux charges de lecteur, maître des novices, confesseur des Capucines et de Madame la duchesse d'Orléans, définiteur et gardien des divers couvents de Paris. Il s'est acquitté de tous ces emplois avec beaucoup de piété, de régularité, de zèle et de prudence; mais sa patience a été bien plus admirable lorsque, pendant six ans, il a souffert des maux de tête très aigus, faisant voir son amour pour la croix de son Maître par cette devise qu'il répétait souvent : *Non mori, sed pati et humiliari.* Il mourut de la mort des justes, le 6 septembre 1691, au couvent de la rue Saint-Honoré, à Paris, à l'âge de soixante-quatorze ans, dont il avait passé cinquante-quatre ans dans la religion[1]. »

1669. — R. P. Léonard de Paris IIe, gardien.

Le Père Léonard de Paris, IIe de ce nom, nous a laissé un ouvrage ayant pour titre :

La Règle du Troisième Ordre de S. François, avec une Exposition et Exercice journalier pour les Frères et Sœurs dudit Ordre. Paris, Couterot, 1651, in-12. (Sic Bernardus a Bononia, p. 171.)

Nous avons sous les yeux un exemplaire du même ouvrage, avec les variantes suivantes dans le titre :

La Règle du Tiers Ordre des Pénitens, instituée par le Patriarche et Séraphique Père S. François, pour les personnes séculières qui désirent vivre en pénitence, ensemble les Annotations et Règlemens sur la mesme Règle, par un Père Capucin, pour la conduite de ceux qui la professent sous leur direction. Par l'ordre des Supérieurs de la province de Paris. Paris, chez Sébastien Cramoisy, 1663, in-12. L'épître dédicatoire est signée : « F. L. de Pa., Cap. indig. »

1670. — R. P. Alphonse de Chartres, gardien.

Le Père Alphonse de Chartres, d'abord avocat du barreau de Paris, entra dans l'ordre des Capucins, au couvent de Saint-Jacques, le 8 avril 1631. Après avoir exercé les charges les plus considérables de sa province, il mourut à Saint-Honoré le 27 octobre 1687[2].

Nous connaissons du P. Alphonse de Chartres les ouvrages suivants :

1. Versio gallica libri italici cui titulus est : *La Fenix di Ludovico Manzini, cioè Esercizi dell' Anima crocefissa, resuscitata ed ispirata.* Parisiis, apud Dionysium Thierry, 1659, in-8°. (Hæc Bernardus a Bononia, p. 6.)

2. *Demonstrationes Evangelicæ, seu pratticæ veritates ex quolibet evangelio in Ecclesia catholica per annum recitari solito eductæ; pluribus singulæ, tum ex Theologia, tum ex Physica, tum ex Morali, rationibus stabilitæ; Sacrarum Scripturarum oraculis, Sanctorum Patrum effatis et authoritatibus confirmatæ; philosophorum denique sententiis illustratæ; opus sacris verbi Dei præconibus adeo utile, ut in promptu et absque molesta plurium*

---

1. *Mémoires du P. Cyprien de Gamaches*, publiés par le P. Apollinaire de Valence (Paris, 1881), p. 217, note 1.

2. *Éloges des illustres Capucins de la province de Paris.*

voluminum revolutione amplam et multiplicem illorum concionibus mate-
riam subministret. Parisiis, apud Edmundum Couterot, 1663-1666, 2 vol.
in-4°.

3. Editio operum omnium P. Ivonis Parisiensis quæ notis illustravit, et
ad meliorem formam pro legentium commodo redegit. Parisiis, apud
Emmon. Anglois, 1680, 3 in-folio. (Hæc Bernardus a Bononia, sed notan-
dum quod non inveniatur nec media pars operum P. Yvonis in hac editione.)

1671-1675. — R. P. Léonard de Paris .II°. gardien pour la
seconde fois.

1676. — R. P. Jean-Chrysostome d'Amiens, gardien pour la
seconde fois.

1677-1679. — R. P. Hiérothée de Paris, gardien.

1680-1681. — R. P. Gabriel de Paris, gardien.

Le Père Gabriel Cramoisy était fils du célèbre libraire de ce nom; il entra
dans l'ordre des Capucins le 14 mars 1637. Les mérites du Père Gabriel
l'élevèrent aux différentes charges de la province; et le Nécrologe de l'ordre
fixe la date de sa mort au 25 octobre 1704.

1682. — Le R. P. Louis de Juilly, gardien.

Le Père Louis de Juilly, trois fois provincial de Paris et deux fois définiteur général de tout l'ordre, était de la famille des comtes de Sommières en
Champagne[1]. « Il était un prédicateur estimé et un homme habile dans le
maniement des affaires. Louis XIV le chargea de différentes commissions,
et lui témoigna de la bienveillance et de l'intérêt[2]. » Il mourut au couvent
de Saint-Honoré le 24 décembre 1696.

1683. — Le R. P. Pascal de Paris, gardien.

Le Père Pascal de Paris revêtit l'habit de Saint-François le 15 avril 1653,
sous la direction du R. P. Paul de Lagny. Il assista en qualité de custode
général au chapitre qui se tint à Rome en 1684. En retournant en France,
le Père Pascal tomba malade à Florence et y mourut le 28 juillet 1684[3].

1684-1686. — R. P. Hiérothée de Paris, gardien pour la seconde fois.

1687-1688. — Le Père Bernardin de Picquigny, gardien. Il quitta
la charge de gardien au chapitre tenu à la Pentecôte de 1688.

Le Journal des Capucins du Marais[4] donne un résumé de la vie de ce
religieux. A l'année 1709, nous trouvons les notes suivantes : le P. Bernardin « était entré dans la Religion en l'année 1651[5], y avait pris l'habit

---

1. *Éloges des illustres Capucins.*
2. Picot, *Influence de la religion au XVII° siècle*, t. II, p. 584.
3. *Éloges des illustres Capucins.*
4. Bibl. nat., ms. franç. 1665.
5. H. Dunand, éditeur des œuvres complètes du P. Bernardin de Picqui-

le 20 mai..... Au sortir de ses études, [il fut nommé] lecteur et professeur en philosophie et théologie au couvent de Meudon-lès-Paris, les années 1664-1668; au couvent de Saint-Honoré, à Paris, les années 1669-1670; gardien à Abbeville, 1671-1673; à Troyes en Champagne, en 1674-1676; une deuxième fois à Abbeville en 1679-1681; à Amiens en 1682-1683; au Marais du Temple, à Paris, en 1684-1685.....; puis il a mis sous la presse le bel ouvrage portant pour titre : *l'Analisme ou la triple explication des Épîtres de saint Paul*, ouvrage in-folio, en latin, très estimé..... Le Saint-Père le Pape Clément XII, à qui il a été envoyé par l'auteur, y a marqué son approbation, et lui a envoyé, en remerciement, une médaille d'indulgence, lui témoignant qu'il aurait agréable s'il travaillait du même style sur l'explication des quatre Évangélistes. » Le P. Bernardin mourut subitement au couvent du Marais, le 8 décembre 1709. *Le Mercure galant* du mois de janvier 1710 en fit l'éloge en ces termes : « On ne peut assez regretter le P. Bernardin de Pequigny, capucin du couvent du Marais. C'était un Religieux d'un vrai mérite, d'une piété rare et d'une vertu solide soutenue d'un air toujours modeste et majestueux qui le rendaient également aimable et respectable, et on peut dire que son ordre a perdu en sa personne un de ses meilleurs sujets, l'Église un excellent théologien, et la République des lettres une de ses meilleures plumes [1]..... »

1. *Pratique efficace pour bien vivre et pour bien mourir, ou double préparation à la bonne mort, en forme de retraite de dix jours*, par le P. de Picquigny, capucin. Paris, Urbain Coustelier, 1704, in-12. (Migne, *Bibliogr. cathol.*)

1 bis. *Pratique.....* 3ᵉ édition. Paris, P. Aug. Lemercier, 1715, in-12. (*Ibid.*)

1 ter. *Pratique efficace pour bien vivre et pour bien mourir, ou préparation à la bonne mort : I, par la réception des sacrements et par les actes de toutes les vertus chrétiennes; II, par la réformation de la vie ensuite d'une rénovation des vœux du Baptême, de Religion, et de la consécration au Sacerdoce; en forme de retraite de dix jours, très utile à tous chrétiens, religieux et prêtres, pour se revêtir de Jésus-Christ chacun selon son état, afin d'y vivre et d'y mourir dans l'esprit du même J.-C.* Quatrième édition, corrigée et augmentée. A Nancy, chez N. Baltazard, 1721, in-16.

1 quater. *La Vraie manière de sanctifier sa vie par la préparation à la mort, ouvrage destiné à tous les chrétiens, ainsi qu'aux prêtres et aux religieux qui veulent vivre et mourir dans l'esprit de Jésus-Christ*, par le P. Bernardin de Picquigny, religieux capucin. Paris, Adrien Le Clerc, 1839, in-12.

2. *Epistolarum B. Pauli Apostoli triplex expositio : analysi, quâ textus apostolici ordo et connexio declaratur; paraphrasi, quâ mens Apostoli breviter exponitur et clare; commentario, ubi litterales notæ, variæ lectiones, sensusque textui conformiores afferuntur. Accedunt et observationes dogmaticæ, piæ, morales et asceticæ, necnon variæ praxes christianæ per totum commentarium dispersæ, et in corollario pietatis post singula capita col-*

---

gny, n'est pas d'accord avec cette date : il met l'entrée du P. Bernard dans l'ordre des Capucins à l'année 1630. *Opera omnia.....*, cura et studio H. Dunand (Parisiis, Vivès, 1870), p. VIII.

1. Cité dans le *Journal des Capucins du Marais*.

lectæ. Liber itaque utilissimus, non modo divini verbi concionatoribus, ad sui et ad aliorum salutem, sed et omnibus quibusque ad divinam mentis et cordis vitam; authore R. P. Bernardino a Piconio, Minorita Capucino, sacræ theologiæ emerito professore, et antiquo provinciæ Parisiensis definitore. Parisiis, apud Joannem Anisson, 1703, in-fol.[1].

2 *bis. Epistolarum B. Pauli Apostoli*..... Lugduni et Parisiis, 1833, 6 vol. in-12.

2 *ter. Epistolarum B. Pauli Apostoli*..... Vesuntione et Parisiis, Outhenin Chalandre, 1838, 3 vol. in-12.

2 *quater. Epistolarum B. Pauli Apostoli*..... Parisiis, Méquignon, 1846, 3 vol. in-8°.

3. *Explication des Épîtres de S. Paul par une analyse qui découvre l'ordre et la liaison du texte, par une paraphrase qui expose clairement et en peu de mots la pensée de l'Apôtre, par un commentaire avec des notes pour le dogme, pour la morale, et pour les sentiments de piété,* par le R. P. Bernardin de Picquigny, capucin, professeur en théologie, et ancien définiteur des Capucins de la province de Paris. Paris, Le Mercier, 1706, 3 vol. in-12.

3 *bis. Spiegaƶione delle Pistole di San Paolo con un' analisi che spiega l'ordine e la connessione del testo; con una parafrasi che spiega il pensiero dell' Appostolo; con una commentaƶione, con note per lo dogma, per la morale, e per i sentimenti di pietà,* del R. P. Bernardino de Picquigny, cappuccino, professore in teologia, etc. Traduzione dall' idioma franzese. Venezia, appresso Francesco Pitteri, 1737, 4 vol. in-12.

3 *ter. Explication des Épîtres de saint Paul,*..... 3e édition, revue et corrigée. A Paris, chez D.-A. Pierres, 1739, 3 vol. in-12.

3 *quater. Spiegaƶione delle Pistole di San Paolo*..... Venezia, 1762, 4 vol. in-12. (Ex Catalogo Remondini, 1772, p. 231.)

3 *quinquiès. Explication des Épîtres de saint Paul*..... Paris, 1813, 4 vol. in-18. (Ex Catalogo Perrone, Neapoli, 1883.)

3 *sexiès. Spiegaƶione delle Pistole di San Paolo*..... In Napoli, dalla stamperia di Silvestro Gargiulo, 1824-1825, 4 vol. in-4°[2].

3 *septiès. Explication des Épîtres de saint Paul*..... Besançon, Montarsolo et Cie, 1830, 2 vol. in-8°.

3 *octiès. Explication des Épîtres de saint Paul*..... Paris et Besançon, Gauthier frères et Cie, 1833, 2 vol. in-8°.

---

1. Le *Journal de Trévoux* (1704) parle de cet ouvrage en ces termes : « Depuis quelques années, il a paru un grand nombre d'écrits sur les Épîtres de saint Paul, mais on n'a encore rien vu en ce genre de plus complet que l'ouvrage du Père Bernardin de Picquigny. Ce qu'il a de singulier, c'est qu'il réunit les trois manières dont on peut exposer la parole de l'apôtre, l'analyse, la paraphrase et le commentaire.....

« La plupart des commentaires sont écrits sans onction, et d'une manière sèche et plus propre à instruire qu'à toucher le cœur. Le R. P. Picquigny s'est proposé l'un et l'autre, et il a réussi. »

2. Le tome IV de cette édition a été publié à Naples, chez Vara, 1825.

3 *noniès. Explication des Épîtres de saint Paul.....* Lyon et Paris, Périsse frères, 1833, 4 vol. in-12.

3 *deciès. Explication des Épîtres de saint Paul.....* Paris, Lacroix-Gauthier, 1837, 2 vol. in-8°.

3 *undeciès. Explication des Épîtres de saint Paul.....* Nouvelle édition, revue avec le plus grand soin, augmentée d'une table générale des matières, et enrichie de plusieurs notes savantes tirées de la Triple Exposition. A Nevers, chez J. Pinet, 1839, 2 vol. in-12.

3 *duodeciès. Spiegazione delle Pistole di San Paolo.....* Napoli, 1859, 2 vol. in-8°. (Ex superius laudato Catalogo Perrone.)

4. *Triplex expositio in sacrosancta Domini nostri Jesu Christi Evangelia : analysi, qua textus Evangelistæ ordo et connexio declaratur; paraphrasi, qua mens Evangelistæ breviter exponitur et clare; commentario, ubi litterales notæ, variæ, lectiones, sensusque textui conformiores afferuntur. Accedunt et observationes dogmaticæ, piæ, morales et asceticæ, necnon variæ praxes christianæ, per totum commentarium dispersæ, et in corollario pietatis post singula capita collectæ. Liber itaque utilissimus non modo divini verbi concionatori, ad sui et ad aliorum salutem, sed et omnibus quibusque ad divinam mentis et cordis vitam.* Opus posthumum, in-folio (*sic*), unico vel duobus voluminibus complexum ; authore R. admodum Patre Bernardino a Piconio, minorita Capucinô, sacræ theologiæ emerito professore, et antiquo provinciæ Parisiensis definitore. Lutetiæ Parisiorum, ex officina Petri-Augustini Le Mercier, 1726, in-fol.

4 *bis. Explicatio triplex.....* studio H. Dunand. Parisiis, Ludov. Vivès, 1877, 3 vol. in-8°.

5. *Opera omnia Bernardini a Piconio, una primum in lucem edita, recognita diligenter, cum dissertatione prævia,* cura et studio H. Dunand, Tolosani presbyteri, olim philosophiæ professoris. Parisiis, Ludovicus Vivès, 1870-1872, 5 vol. in-8°.

1688. — R. P. Louis de Juilly, gardien pour la seconde fois.

1689-1691. — R. P. Gabriel de Paris, gardien pour la seconde fois.

1692-1694. — Le Père Athanase de Mesgrigny, gardien.

La famille des Mesgrigny tirait son nom du fief de Mesgrigny, près de Méry-sur-Seine. Huit branches distinctes sont sorties de la première souche : celle des marquis de la Villeneuve-Mesgrigny et de Vendeuvre, celle des marquis de Bonnivet, des seigneurs de Marans, des seigneurs de Villebertin, des comtes d'Aunay, des seigneurs de Souleaux, des marquis de Savoie-Villebertin, et enfin celle des comtes de Briel[1].

Le Père Athanase de Mesgrigny (Joseph-Ignace-Jean-Baptiste de Mesgrigny) appartenait à la seconde branche, celle des marquis de Villeneuve et Vendeuvre. Il naquit et fut baptisé à Aix en 1653[2]. D'abord avocat, il aban-

---

1. *Notice sur Mgr. Joseph-Ignace de Mesgrigny, évêque de Grasse,* par le P. Dom Théophile Bérengier, bénédictin, Marseille, 1889, p. 8.

2. *Ibid.,* p. 9 ; et *Ritratti dei Padri illustri del ordine di Cappuccini* (Roma, 1850), *t.* I, p. 59.

donne cette carrière et embrasse le métier des armes; à vingt-trois ans, il est maître de camp de cavalerie, et c'est alors qu'il abandonne le monde et entre au noviciat des Capucins de Paris, le 23 mai 1677. Il y fut appelé Frère Athanase de Mesgrigny[1]. En 1683, les supérieurs de la province de Paris le nommèrent professeur de philosophie et de métaphysique au couvent de Beauvais; en 1685, il fut lecteur de théologie au couvent du Marais, et, en 1689, au grand couvent de Saint-Honoré. Il gouverna le couvent de Troyes durant les années 1690-1691, et, en 1692, le chapitre provincial le fit gardien de Saint-Honoré[2]. Le 2 avril 1711, le roi nomma le P. Athanase à l'évêché de Grasse en Provence. Ayant reçu ses bulles le 8 décembre, « il fut sacré au couvent de Saint-Honoré, avec l'agrément de Monseigneur le cardinal de Noailles, archevêque de Paris, le 20 décembre 1711, IVe dimanche de l'Avent, par Monseigneur de Soubise, évêque de Strasbourg, ayant pour assistants les évêques d'Évreux et de Toul[3]. » Mgr de Mesgrigny fit son entrée dans sa ville épiscopale le 29 février 1712; il y fut reçu par les consuls de la ville, le grand-vicaire, les chanoines et une bonne partie du peuple. Il gouverna son diocèse avec zèle et piété et mourut le samedi 2 mars 1726[4].

Nous ne connaissons du P. Athanase de Mesgrigny que les lettres suivantes :

1. *Réponse de Monseigneur l'évêque de Grasse* (Joseph de Mesgrigny) *à Monseigneur le Régent* (4 sept. 1717). S. l. n. d., in-12. (Bibl. nat., Ld⁴ 992.)

2. Lettre au P. Facteur (Grasse, ce 10 juin 1716)[5].

3. Lettre à Mgr de Mailly, cardinal-archevêque de Reims (1er juin 1719)[6].

4. Lettre au duc d'Orléans (Grasse, ce 7 août 1720)[7].

1695. — R. P. Ignace d'Amiens.

Le Père Ignace d'Amiens entra au noviciat d'Amiens le 3 juillet 1662, et eut pour Père Maître le P. Augustin d'Amiens. Il gouverna en qualité de gardien les couvents de Calais, Beauvais, Amiens, le couvent du faubourg Saint-Jacques et celui de Saint-Honoré. Élu provincial de Paris en 1695, et custode général en 1698, le Père Ignace d'Amiens se rendit au chapitre général à Rome, pour l'élection du Ministre général de l'ordre. A ce propos les *Éloges des illustres Capucins de la province de Paris* citent le fait suivant : « L'on peut rapporter une chose, qui est à son honneur et à celui de la religion, c'est qu'allant à Rome et prenant congé de Sa Majesté Louis 14e

---

1. *Annales des Capucins de la province de Paris;* Bibl. Maz., ms. 2879.

2. *Journal des Capucins du Marais.* Bibl. nat., nouv. acq. fr. H 1665, *passim.*

3. *Idem.*

4. *Fidèle relation de ce qui s'est passé de mémorable depuis 1701*, par le P. Pacifique de Marseille, capucin. Mss. du couvent des Capucins de Paris, *passim.*

5. *Fidèle relation...*, par le P. Pacifique. Cette lettre a été publiée pour la première fois par le P. Dom Bérengier, bénédictin, dans la *Notice de Mgr Joseph-Ignace de Mesgrigny*, p. 51.

6. *Notice sur Mgr de Mesgrigny*, p. 59.

7. *Ibid.*, p. 60.

d'heureux règne, et luy faisant en peu de mots un petit compliment, le Roy dit après cette action qu'il n'avait jamais entendu mieux parler français..... » Le P. Ignace d'Amiens mourut le 17 avril 1710.

1696-1697. — Le R. P. Honoré-François de Paris, gardien.

1698-1699. — Le R. P. Louis-Marie d'Abbeville, gardien.

Le Père Pierre-François d'Amiens, maître des novices au couvent d'Amiens, reçut dans l'ordre, le 22 septembre 1659, le Père Louis-Marie d'Abbeville. Il vécut en bon religieux jusqu'au 12 mai 1708, date de sa mort.

1700. — Le R. P. Hugues de Paris, gardien.

1701-1703. — Le R. P. Louis-Marie d'Abbeville, gardien pour la seconde fois.

1704-1705. — R. P. Damase de Paris, gardien.

1706-1707. — R. P. Hugues de Paris, gardien pour la seconde fois.

1708-1709. — R. P. Robert de Réthel, gardien.

1710. — R. P. Pierre de Béthune, gardien.

1711-1713. — R. P. Damase de Paris, gardien pour la seconde fois.

1714-1715. — Le Père Pacifique de Calais, gardien.

Le Père Pacifique de Calais, Jean Meunier[1], fut tour à tour lecteur, gardien et provincial de la province de Paris. Il eut à combattre la secte des Jansénistes, et lutta en particulier contre le fameux De Langle, évêque de Boulogne, l'un des adversaires de la bulle *Unigenitus*. Dans le catalogue des ouvrages du P. Pacifique, qu'il nous a été possible de dresser, nous trouvons deux opuscules relatifs à la question du jansénisme :

1. *Lettre du R. P. Pacifique de Calais, provincial des Capucins de la province de Paris, à Monsieur l'abbé ***.* S. l. n. d. (1721), in-4°, 8 p.

2. *Remontrances de la ville de Calais à Mgr l'évêque de Boulogne.* S. l., 1721, in-4°, 26 p.

Le vicaire général de l'évêque de Boulogne répondit à ces deux lettres par les ouvrages suivants : « Deux mémoires sur les plaintes portées contre le gouvernement de Mgr l'évêque de Boulogne (par l'abbé J.-B. Gaultier), 1723, in-12. — Mémoire pour servir d'éclaircissement à la lettre du P. Pacifique de Calais, capucin, par l'abbé J.-B. Gaultier, 1724, in-8°. »

3. *Paraphrase sur les Heures canoniales*, par le R. P. Pacifique de Calais. Paris, chez J.-B. Coignard, 1738, in-12.

---

1. Dans les *Mémoires sur le Calaisis*, par Pigault de l'Espinoy, Mss. 17-21 de la bibl. de la ville de Calais; au volume 19, nous trouvons la note suivante : « Le P. Jean Meunier, capucin, connu sous le nom de P. Pacifique, provincial de son ordre, auteur de nombre de manuscrits et d'un livre estimé intitulé : *le Sacrifice de louanges*, imprimé à Paris en 1740 ; ce Père est mort en 1742. »

4. *Traité du sacrifice de louanges établi par David sous la Loi par ses Cantiques, santifié* (sic) *et continué par Jésus-Christ sous l'Évangile*, par le R. P. Pacifique de Calais, ancien professeur de théologie, ex-provincial des Capucins de la province de Paris. A Avignon, chez Fortunat Labaye, 1740, in-12. (L'ouvrage est dédié à Madame de Clermont-d'Amboise, abbesse du monastère de Saint-Paul-lès-Beauvais.)

5. *Voiage d'Italie*, par le P. Meunier, capucin. Ms. de la bibliothèque de la ville de Dunkerque.

Ce manuscrit est bien l'œuvre du P. Pacifique de Calais ; il en parle en ces termes dans le *Voyage de Flandre* : « Lettre I, p. 1. A Calais, ce 20 juin 1720. Vous voulez donc, Monsieur, que je vous fasse un récit de mon voyage de Flandre, comme j'ai fait de celui d'Italie..... »

6. Voyage en Flandre, par le T. Révérend Père Pacifique de Calais, provincial des PP. Capucins. Ms. de la bibliothèque de M. Bonvarlet, membre du Comité flamand de France, et habitant de Dunkerque. Deux copies en ont été faites, en 1867, l'une pour la bibliothèque des Capucins de Paris, l'autre par les soins de M. Derheims, de Calais, pour la bibliothèque de cette ville.

1716. — R. P. Séverin de Paris, gardien.

Il est auteur de *Lettres spirituelles d'un grand serviteur de Dieu* (Frère Séverin de Paris, c. i. de Saint-Honoré), *écrites à une dame qu'il conduisoit dans la vie intérieure et qui est morte en odeur de sainteté*. Ms. n° 75 de la bibliothèque de la ville de Moulins.

1717-1718. — R. P. Paul-François de Paris, gardien.

Le Journal des Capucins du Marais, à l'année 1718, nous a laissé les détails suivants sur ce religieux : « Le R. P. Paul-François de Paris, P^r, âgé de soixante-huit [ans] du monde et de religion quarante-huit, inhumé dans la chapelle du Tiers-Ordre, ayant été théologien en 1697; gardien à Sens en 1698; à Montfort en 1699; en 1700-1702 à Senlis; en 1703, vicaire à Saint-Honoré; en 1704-1705, gardien à Troyes ; à Arras en 1708-1709; à Soissons en 1710-1711; aux Marais, vicaire en 1712-1713, et gardien en 1714-1715. Il y rebâtit l'église. Gardien à Saint-Jacques et définiteur en 1716, et à Saint-Honoré premier définiteur et gardien en 1718, en laquelle année il y mourut d'une maladie assez précipitée, le 11 du mois d'août. »

1719. — Le R. P. Nicolas-François de Paris, gardien.

1720. — Le R. P. Antoine de Montdidier, gardien.

1721. — R. P. Pacifique de Calais, gardien pour la seconde fois.

1722-1723. — Le R. P. Archange de Paris, gardien.

1724-1726. — R. P. Agathange de Péronne, gardien.

1727-1729. — R. P. Dominique-François de Paris, gardien.

1730-1731. — R. P. Claude-Marie d'Amiens, gardien.

1732-1734. — Le P. Théodose de Paris, gardien.

Le P. Théodose de Paris fut gardien du couvent de Saint-Honoré de 1732 à 1735, de 1739 à 1742 et de 1745 à 1747. Au commencement de 1745, le Père Théodose gouvernait le couvent du faubourg Saint-Jacques. Nous connaissons de ce Père l'ouvrage suivant :

La vie de saint Fidel (sic) *de Sigmaringen, de l'Ordre des Capucins, premier martyr de la Congrégation de la Propagation de la Foi chez les Grisons,* par le P. Théodose de Paris, du même ordre. Paris, Guérin, 1745, in-16.

Cet ouvrage est dédié par l'auteur à Mgr le duc d'Orléans, à la protection et aux secours duquel les Capucins ont dû les moyens de poursuivre et de publier leurs travaux sur la Sainte Écriture et les langues sémitiques. L'approbation du P. Provincial des Capucins de Paris mentionne que l'auteur était alors gardien du couvent du faubourg Saint-Jacques.

1735-1737. — R. P. Ambroise de Montdidier, gardien.

1738. — R. P. Benjamin de Paris, gardien.

Il s'appelait dans le monde Jean-Baptiste Denos, et entra chez les Capucins le 3 mai 1707, à l'âge de seize ans.

1739-1741. — R. P. Théodose de Paris, gardien pour la seconde fois.

1742-1744. — R. P. Jean l'Évangéliste d'Amiens, gardien.

1745-1746. — R. P. Théodose de Paris, gardien pour la troisième fois.

1747. — R. P. Maximilien de Paris, gardien.

1748-1750. — R. P. Alexandre-François de Paris, gardien.

1751-1753. — R. P. Jérôme de Rethel, gardien.

1754-1756. — R. P. Fulgence de Péronne, gardien.

Il s'appelait Martin Vasson, et entra dans l'ordre le 1er février 1711, à l'âge de dix-huit ans.

1757. — R. P. Jacques de Paris, gardien.

1758-1759. — R. P. Dorothée de Paris, gardien.

Le Père Dorothée fut deux fois provincial de Paris, en 1754 et en 1760. De grandes dissensions surgirent dans la province sous son gouvernement. Les documents relatifs à cette affaire se trouvent à la Bibliothèque nationale : 1° Département des Imprimés (P. Dorothée de Paris, Ld²⁴ 25 et s.); 2° Département des Manuscrits (Pièces concernant les dissensions des Capucins de Paris, ms. fr. 11650).

1760-1762. — R. P. Grégoire de Montreuil, gardien.

Dans le monde Grégoire Vallois ; le P. Grégoire se fit capucin le 28 juillet 1720, à l'âge de dix-sept ans.

1763-1764. — R. P. Remi de Reims, gardien.

1765. — Le P. Remi fut envoyé en exil à Lille et remplacé par le Père Pierre-François de Reims.

1766-1767. — R. P. Thomas-François de Paris, gardien.

1768. — R. P. Claude-François de Paris, gardien.

Son entrée en religion eut lieu le 12 mars 1741 ; il était alors âgé de seize ans et huit mois et s'appelait Claude-François Noël. Le Père Claude-François, capucin hébraïsant, faisait partie de ce fameux collège établi au couvent de Saint-Honoré pour l'étude des langues orientales[1]. Les hébraïsants avaient à leur tête Guillaume de Villefroy, professeur d'hébreu au collège royal et abbé de Blasimont. Parmi les plus célèbres de ces religieux, nous remarquons les Pères Louis de Poix, Jérôme d'Arras et Séraphin de Paris. Le P. Séraphin de Paris naquit à Issoudun en 1712 ; il s'appelait dans le monde M. Heurtault et avait été lieutenant général au bailliage de sa patrie.

Les hébraïsants publièrent en 1755 :

Les principes discutés pour faciliter l'intelligence des livres Prophétiques et spécialement des Psaumes, relativement à la langue originale; suivis de plusieurs dissertations sur les lettres 2, 3, 4 et 5 de M. l'abbé de Villefroy. Paris, 1755 et suiv., 15 vol. in-8°.

Cet ouvrage a été traduit en italien par deux religieux du même ordre, les Pères Modeste de Philoptrano et Mathieu de Laude; il parut à Macerata dans les années 1789-1795.

1769-1774.

1775. — R. P. Fidèle de Béthune, gardien.

Dans le monde Charles-Éloy Hérengué; il entra chez les Capucins le 27 août 1734, à l'âge de dix-sept ans.

1776-1778.

1779-1780. — R. P. Théodose de Reims, gardien.

1781. — R. P. Fidèle de Bapaume, gardien.

1782-1789.

1790. — Le R. P. Joseph d'Amiens, gardien.

Le P. Joseph d'Amiens, dans le monde Joseph-Adrien Bellegueule, était gardien du grand couvent des Capucins de la rue Saint-Honoré lors de la suppression des ordres religieux en 1790. Il paraît avoir opté dès le principe pour la vie privée, et avoir mis à exécution cette option dans le courant de la même année. Il se retira dans sa ville natale, où il fut principal du collège, puis commissaire bibliographe chargé de présider à l'incamération des bibliothèques des anciennes maisons religieuses du district. Nous ignorons quelle fut sa fin. Son œuvre consiste en discours patriotiques et catalogues.

1. *Adresse du P. gardien des Capucins de la rue Saint-Honoré à l'Assem-*

---

1. Voy. le *Bulletin de la Société de l'histoire de Paris* (1892), t. XIX, p. 98-115.

blée nationale (signé : P. Joseph d'Amiens). Paris, Imprimerie nationale, s. d., in-8°. (Bibl. nat., Lk⁷ 6884.)

2. *Oraison funèbre des martyrs de la Constitution, morts à Nancy le 31 août 1790, prononcée le 21 octobre 1790, dans l'église cathédrale d'Amiens*, par M. l'abbé Joseph Bellegueule. Amiens, Caron-Berquier, 1790, in-4°. (Catal. de la bibl. d'Amiens, Belles-Lettres, n° 938, recueil VIII, n° 9.)

3. Catalogue alphabétique des imprimés de la bibliothèque des Capucins d'Amiens, par le citoyen Bellegueule, commissaire, l'an 3. (Ms. 542 de la bibliothèque d'Amiens, où se trouvent mentionnés de nombreux imprimés du xv° siècle. — 553 feuillets.)

4. Catalogue alphabétique des livres de la bibliothèque des ci-devant religieux Cordeliers d'Amiens, fait par le citoyen Bellegueule, commissaire bibliographe près le district d'Amiens, l'an 3. (Ms. 545 de la bibl. d'Amiens. — 228 feuillets.)

5. Catalogue alphabétique des livres des bibliothèques réunies de plusieurs communautés de filles religieuses, fait par les citoyens Bellegueule et Huchette, commissaires bibliographes près le district d'Amiens, l'an 4. (Ms. 554 de la bibl. d'Amiens. — 74 feuillets.)

6. Catalogue alphabétique des livres de la bibliothèque des ci-devant religieux de l'abbaye de Saint-Pierre-lès-Selincourt, dite Sainte-Larme, Prémontrés, fait par le citoyen Bellegueule, commissaire bibliographe près le district d'Amiens, l'an 4. (Ms. 556 de la bibl. d'Amiens. — 100 feuillets.)

Le Père Joseph d'Amiens fut le dernier gardien de ce couvent, qui disparut en 1804, lors du percement des rues de Castiglione et de Rivoli.

www.ingramcontent.com/pod-product-compliance
Ingram Content Group UK Ltd.
Pitfield, Milton Keynes, MK11 3LW, UK
UKHW021650090726
13657UKWH00004B/1874